HANSONS
MARATHON
METHOD

汉森
马拉松训练法

【美】卢克·汉弗莱 凯斯·汉森 凯文·汉森 /著

王晓刚 /译

人民邮电出版社

北　京

图书在版编目（ＣＩＰ）数据

汉森马拉松训练法 / （美）汉弗莱（Humphrey,L.），
（美）汉森（Hanson,K.），（美）汉森（Hanson,K.）著；
王晓刚译. -- 北京：人民邮电出版社，2016.6
　（悦动空间. 跑步训练）
　ISBN 978-7-115-42134-0

　Ⅰ. ①汉… Ⅱ. ①汉… ②汉… ③王… Ⅲ. ①马拉松
跑－运动训练法 Ⅳ. ①G822.82

　中国版本图书馆CIP数据核字(2016)第079695号

♦ 著　　　　[美]卢克·汉弗莱　凯斯·汉森　凯文·汉森
　 译　　　　王晓刚
　 责任编辑　惠　忻
　 责任印制　彭志环

♦ 人民邮电出版社出版发行　　北京市丰台区成寿寺路 11 号
　 邮编　100164　电子邮件　315@ptpress.com.cn
　 网址　http://www.ptpress.com.cn
　 固安县铭成印刷有限公司印刷

♦ 开本：700×1000　1/16
　 印张：12　　　　　　　　　2016 年 6 月第 1 版
　 字数：198 千字　　　　　　2025 年 11 月河北第 32 次印刷
　 著作权合同登记号　图字：01-2015-1261 号

定价：39.00 元
读者服务热线：(010) 81055410　印装质量热线：(010) 81055316
反盗版热线：(010) 81055315

前　言

汉森马拉松训练法几十年来一直在不断发展演进。1978年，当我跑完自己人生第一次马拉松之后，我就变成了一块"海绵"，孜孜不倦地吸收各种关于马拉松的信息。我发现不管是哪家刊物，都像一个模子刻出来一样反复提及一些方法，总是包括长距离跑练习。在美国出版的书中，这个距离通常是32千米；在其他国家的杂志上，这个数字一般是30千米。我注意到，这个长距离跑背后的原因非常简单：这个距离只是个好记的数字而已。一点也没错，那些距离什么科学依据都没有，只是比较方便使用。意识到这一点，对我们来说不异于醍醐灌顶、当头棒喝。我知道，如果所有这些马拉松的训练方法只是凭主观臆测，那么我需要发掘一些更好的办法。

汉森马拉松训练法用科学、聪明的方法教会你关于跑步的所有事情，从长距离跑、速度训练到配速，可谓应有尽有。卢克·汉弗莱巧妙地在本书中阐述了这些训练方法，基本上每周都要答复上百条我们从跑友这里收集到的问题。此外，作为精英级跑步者，他不但看到了很多第一手的正向结论，还有广博的运动生理学教育背景作为理论支撑。他不仅是汉森马拉松训练法活生生的范例，还能解释实用训练方法背后的科学依据。我希望你们也能像我们一样享受这份成果。

——凯文·汉森
汉森—布鲁克斯长跑项目联合创始人
汉森跑步商店联合拥有人

I

我非常高兴看到卢克·汉弗莱把他的科学知识、个人跑步经验、执教经验结集成书，来帮助我们将汉森马拉松训练法的许多细节解释给众多跑步爱好者。这可比杂志文章能提供的篇幅长多了。卢克加入汉森—布鲁克斯长跑项目已7年多，是一名非常成功的会员。在此期间，他攻读了运动科学的硕士学位。在过去的4年中，他还领导了汉森跑步商店的马拉松课程，指导了上百名马拉松新人完成他们人生的第一个全程马拉松，还帮助了许多"老马"创造新的个人最好成绩。

　　我们在《跑者世界》和《跑步时代》两本杂志推出了系统训练计划，这些年引起了很多人的争议和兴趣，也产生了不少困惑。本书解答了一些已有问题，给跑友以指导，他们都希望能践行这套行之有效的训练系统。希望你们所有人都能达到个人的最好成绩，都能长久地享受这项世界上最伟大运动所带来的乐趣。

　　　　　　　　　　　　　　　　　　　　　　　　——凯斯·汉森
　　　　　　　　　　　　　　　　　　　汉森—布鲁克斯长跑项目联合创始人
　　　　　　　　　　　　　　　　　　　　　　汉森跑步商店联合拥有人

致 谢

凯文·汉森和凯斯·汉森指引我走向这条令人激动的跑步人生之路。他们是天才的侦察兵、教练和导师。他们无数次甄选出潜在的跑手好苗子，这个本事是别人没有的。对参加汉森—布鲁克斯长跑项目的跑步者来说，凯文和凯斯给了他们无数的机会，帮助他们实现目标。没有他们的话，几十个"还不够好的跑步运动员"永远不可能签约品牌赞助、得到精英级的指导和跑步圈顶级专家们的支持。没有他们的话，这个世界永远也不会知道布莱恩·塞尔（Brian Sell）和德西蕾·达维拉（Desiree Davila），以及很多这几年代表美国参加世界锦标赛的队员，他们的名字我能列出一个长长的清单。我坚信，这份沉甸甸的感谢还来自所有参与过汉森—布鲁克斯长跑项目的跑步者。我们都拥有类似的跑步背景，希望如何训练的那个章节可以向世界展示训练的真谛。

汉森麾下精英马拉松跑步者的成功吸引了美国全国马拉松爱好者的目光，他们起家于底特律的底层劳动人民。遵循汉森非常规的训练方式，跑步者们自从20世纪90年代以来，就在马拉松赛场一直享受着胜利果实。凯文和凯斯给了我一个非常好的机会为这个世界展示这个项目，我非常谦恭地感谢他们。

我还非常感谢我的太太尼科尔，在我为这本书工作的时候，她一直很耐心。甚至在我们计划结婚的时候，恰逢截稿时间她也能理解我。

特别感谢麦肯齐·罗比（Mackenzie Lobby），她仔细地审查这本书里的每一个引用、数据、表格，把我原本枯燥的语言润色成如此朗朗上口的这一整本书。要是没有她的话，这本书读起来一定会跟大学毕业论文一样艰涩，并让你不断挠头，问："这人到底想说什么呀？"

维络出版社的同仁们也非常棒，我再怎么感谢他们也不为过。凯西·布莱恩（Casey Blaine）同意让我们试试，维络出版社愿意给我们这次机会，让我们把汉森马拉松训练法的所有细节都展示出来。要知道，一般的杂志可没有这么长的篇幅。

非常感激布鲁克斯体育，感谢他们对长距离跑项目的全情支持，特别是对汉森马拉松训练法的支持。

最后，感谢所有信任并尝试这个计划的跑友们。我们理解，打破传统并不是一件轻而易举的事。我们是提供了相关指导，但是真正完成所有这些巨大进步（和刻苦跑步训练）的，是你们。

——卢克·汉弗莱

作者自序

我来自密歇根州的悉尼，那是美国中西部乡下一个平凡的小村，只居住着927名村民。实际上，我住在镇外几千米的地方。在中西部绝大部分地方，因为橄榄球和棒球每季都有比赛，越野跑和田径其实并不怎么普及。作为一个小孩儿的我，棒球毫无疑问是我的最爱。我八年级的时候长到了约1.83米高，我爸爸的身高是2.03米。对于运动而言，似乎天空才是极限。

尽管棒球才是我真正喜欢玩的，但是我的代数老师（之后也成为我田径队的教练）"建议"我参加田径队。毫无疑问，他知道我在跑步上的造诣绝对会比打棒球高。我也就是在那条跑道上才真正找到了自己的位置，跑步的时候，我发现自己的确有一些天赋——这天赋大到老师深信不疑，我应该放弃所有其他运动，全身心投入到跑步上去。我永远感激那些在我跑步生涯的初期，给我以鼓励的人们。没有他们，我不可能有机会和一个精英团队一起训练，不可能参加奥运会选拔赛，不可能满世界到处比赛，也不可能写这本书。

在成功地度过了高中跑步生涯之后，我考入了中央密歇根大学，加入了越野长跑队。我在队里的那几年，我们赢得了几个联盟的冠军，排名进入了全美前25名。有一年，我们甚至攀升到全美大学生体育协会（NCAA Division I）的越野锦标赛第9名。2004年，我本科毕业，获得了训练科学的学士学位，还打破了一项跑步的校纪录，我为此而自豪。在我愉快地完成所有这些的同时，总体来说，我大学时代跑步的时光还是感觉蛮好的。但是，我总是有百尺竿头更进一步的打算。那就是，让我有更大的梦想，可以跑得更长，参与象牙塔之外的精英级竞赛。

非常幸运的是，汉森—布鲁克斯长跑项目就在密歇根市。所以，当我在中央密歇根大学的求学生涯接近尾声的时候，便问汉森兄弟能否考虑一下，让我也加入他们的团队。其他的教练往往会忽视我，但是汉森兄弟看到了我的潜力，他们认为我可以成为一名出色的马拉松运动员。那也是我跑步生涯真正开始的地方。2004年8月，我把自己的所有物品塞进汽车里，从普莱曾特山搬到了罗切斯特（Mount Pleasant，Rochester，当地地名），准备在凯文和凯斯的监督指导下开始马拉松处子秀的训练。

2004年10月，我在拉萨尔银行芝加哥马拉松比赛上完成了首秀，完赛时间为2小时18分48秒，在美国国内选手中排名第5，总排名第17。当我跨过终点线的时候，我发誓这辈子再也不跑马拉松了。那是8年前的事了，我这8年参加了9个马拉松。我猜，我当时也许是想错了。

确定自己已经进入职业跑圈以后，2006年是我个人跑步职业生涯的一个重要转折点。我至今仍清楚地记得那是2006年的春天，就在波士顿马拉松比赛前两周。汉森—布鲁克斯长跑项目中，为那个比赛训练的一队成员前往佛罗里达州提前做炎热天气下的适应性训练。就在我们出发的前一天，我在我们学校学位委员会的委员们面前进行了论文的答辩，这也是我拿到奥克兰大学运动生理学硕士学位前，最后一项需要完成的正式任务。这是一条长长的、充满挑战的求学之路，完成答辩之后，肩上的担子好像突然一轻。我知道，跑马拉松和答辩一样难——站在三个比你聪明一百倍的教授面前，自己所做过的工作如微尘般轻贱。

经过在密歇根寒冬几个月的深度训练，还有在佛罗里达州适应太阳暴晒下的高温，整个团队都为2006年豆城（波士顿的别称）之行做好了更充分的准备。我们团队的成员拿到了男子的第4、10、11、15、18、19和第22名的成绩。我是第11名，创造了新的个人最好成绩，2小时15分23秒。梅伯·柯菲斯基（Meb Keflezighi）、阿兰·卡尔珮珀（Alan Culpepper）和皮特·吉尔莫尔（Pete Gilmore）众星表现优异，美国本土选手一举囊括前15名的7个席位。毋庸置疑，美国跑坛庸庸碌碌的那个年代已经一去不复返了，美国马拉松运动员取得了巨大的进步，又重新登上了世界级的舞台。自从20世纪70和80年代罗杰斯（Rogers）、肖特（Shorter）和格雷格·梅尔（Greg Meyer）那一批美国马拉松高手退出历史舞台之后，又一个令人激动的时代到来了。

此外，关于我自己的训练还有一件令人难忘的事。2006年那次比赛的优异表现，让汉森兄弟把汉森跑步商店年度马拉松训练诊所的重任交到了我的手上。尽管我在当地医院有一份运动生理学医生的金饭碗，但我仍然无法拒绝这个机会。这不但让我可以学有所用，而且可以让我学有所专——只为这项我钟爱的运动。更有益的是，这里可以将我对于跑步的激情，通过汉森马拉松训练法传递给其他人。它给我的回报就是，教练的职位非常适合我，这成为了我完美的工作。

我的经验和客户都大幅度增长，凯文和凯斯鼓励我于2006年注册了一家公司，就叫"汉森教练服务"。因为无数的杂志和报刊都撰文报道过汉森兄弟独一无二的训练方法，所以他们在全美国都变得非常有名，大家都知道他们在执教精英运动员和每天都跑步的人。随着我们的训练方法受到越来越多人的关注，我开始负责回答用户的问题，通过这些久经时间考验的训练方式指导跑步者。

同时，我自己的跑步水平也突飞猛进。我达标了两届奥运会的马拉松选拔赛（2008年和2012年），ING纽约马拉松赢得了第11名、拉萨尔银行芝加哥马拉松排名第12，最近刚刚把个人最好成绩提高到2小时14分39秒，这一切都是在凯文和凯斯的指导下完成的。真的是好大的进步！

最让我兴奋的，就是这些年来看到我指导的跑步者们取得的成功。每年的马拉松赛季，汉森兄弟俩和我都能很荣幸地收到许多来自我们运动员的邮件，他们采用了汉森马拉松训练法之后，完成了马拉松。在参与到我们训练的跑步者里，将个人最好成绩提高20~30分钟的情况一点也不少见。我们听到很多人在42.195千米的比赛中等着"撞墙"（即由跑改为走，以便缓解疲劳后继续跑。跑步者们都希望从始至终跑完全程——编者注），实际上却没有发生这样的状况。更棒的是，绝大多数人都期待未来跑更多的马拉松。每一位完赛者都是我们教练荣誉桂冠上的一支羽毛，他们的成功无疑都远远不止意味着这套训练方法背后科学和常识的奏效。汉森马拉松训练法真的很管用。我践行过它，教过别人这套方法，未来几年还会向民众继续宣传它的成功。

目 录

第一部分

训练方法

第一章

汉森训练法的哲学

在《运动科学研究》杂志和生理学理论的帮助下，凯文·汉森和凯斯·汉森打造了他们的马拉松事业。2004年，我作为运动员加入其中。两年以后，我代表他们去全国各地培训跑友。他们的第一个马拉松训练项目发迹于1992年的底特律马拉松。汉森马拉松训练法早就被时间证明是行之有效的，而我也很荣幸能尽一份力。这些计划全面启动的原因其实也很简单，就是兄弟俩对市面上现有的训练计划失望至极。汉森兄弟觉得，那些计划并不能满足跑步者们备战马拉松的需求。所以，与其关注每周最小训练量、周末总里程，还不如创建一套更全面的计划。

自从汉森兄弟第一次对外介绍他们的训练计划以来，体育界正处在有些人所称的"第二次浪潮"时期。第一次浪潮兴起于20世纪70年代，这一波马拉松浪潮持续了几十年之久。1976年，整个美国大约有25 000人完赛了全程马拉松。1990年，这个数字几乎翻了10倍，上升到224 000，但这一趋势还远远没有停止。1995年、2000年和2005年，这一数字分别为293 000、353 000和395 000。至2010年，大约有507 000人在美国国土上跨过了马拉松的终点线。也就是说，2005~2010年，每年人数递增近30%，这一现象异常显著。

但是随着完赛人数的增加，完赛时间也延长了。1980~2010年，男子组的平均完赛时间从3小时32分增加到4小时16分；女子组的平均完赛时间也从4小时03分锐增到4小时42分（上述数据来源于www.runningusa.org网站）。完赛时间的延长，无疑要归因于参赛人数的增加。20世纪70和80年代，参与马拉松的人数较少，他们绝大部分都是路跑的核心拥趸，训练的时候头脑中会有明确的时间目标。马拉松曾经是一项只为精英级和准精英级严肃跑步者而存在的运动，现在却落入寻常百姓家，许多报名的人只是想在规定时间内冲过终点线而已。

我身兼跑步者和教练二职，就遇到过以下3类马拉松选手。

"老马"：这群人有多年跑步经验，积累了很多跑量，过去至少跑过一两个马拉松。他们期待将以往的马拉松水平提高到下一个层级。

休闲跑步者：这一部分人还不太熟悉马拉松，但他们不是跑步新人，完成过一些短距离的比赛。这群人往往期望建立一个马拉松成绩的基线，通常在未来还有参加下一场马拉松的计划。

新手：初学者们包括那些把马拉松看作"人生需要完成的××件事"的人，也包括为慈善而跑的人。他们中的许多人跑过一次以后，就会把马拉松抛在脑后。

对教练来说，第三类选手才是最难对付的。凯文和凯斯积极地参与到"训练之队"中（他们在为白血病协会募集善款），而我则负责指导密歇根东南的美国癌症协会的"决心之队"（他们为大量癌症相关的疾病募捐），所以我们对这类跑步者都很熟悉。最主要的障碍就是，他们经常对媒体所宣传的所谓马拉松最好的训练频率是一周3次的说法深信不疑。这种方法忽悠他们说，马拉松的训练只需要对生活做出一点点改变就可以：买一双鞋、一周跑几次，几个月以后你就可以参加全程马拉松比赛了。这个人群的主要目标只是完成比赛而已，每周只跑3天没有考虑跑步者自己的意愿，所以并不是最佳方式。这不但让跑步者们容易因为马拉松的距离患上伤病，而且没有发挥出这项运动应该给予人的激励作用。

思考一下吧：每隔3年，跑步专业商店大概一半的客户群就会换成全新的跑步者。所以，如果一家商店为40 000名跑步者服务，每隔3年其中就有20 000名是新人。一方面，这么多新人积极开始参与跑步运动真的非常了不起；另一方面，我们也不禁思索，为什么跑步人群的流失率竟会如此之高。看起来，好像一大批跑步者都是被"收获多、牺牲少"的许诺给骗进来参加这项运动的。有人告诉他们，要想完成一个马拉松只需要对现有的日程安排和生活方式做出很小的调整，因此训练计划也被压制在最小范围内。

这些跑步者因为缺乏训练，通常对马拉松的体验极差。所以，他们中很少人能坚持继续跑马拉松也就不足为奇了。当有人关注那些最流行的最小训练计划的时候，它们其实是有一些相似特征的。

跑量很少：初级跑步者前几周的跑量是56~64千米，高级跑步者每周的跑量为72~89千米。

低出勤率：初级跑步者每周训练3~4次，高级跑步者每周训练5~6天。

长距离跑：绝大部分这样的训练都超过了32千米，有些甚至达到了42千米。这种长距离跑基本上都安排在跑量达到峰值的阶段。有些训练安排在周日长距离跑的前一天也就是周六进行，这意味着60%~75%的当周跑量都集中在周末两天完成。

超长持续时间：大部分这样的计划要横跨24~32周，这一点也不令人吃惊。因为每周的跑量很低，身体需要更长的时间来适应。

错位强度：每周3次的训练计划中，所有的跑步都是高强度的（达到最大摄氧量的70%或70%以上），同时当周总跑量的40%~50%是长距离跑。

一套训练计划如果有每周最小跑量和每周3次训练日的保证，那么这就是一种打好基础、不受伤而开始一种新运动的好方法，一旦你决定要参加马拉松了，这么简单的计划可不够。这些计划通常能辅助跑步者达到他们的主要目标，但是一旦目标完成了，带来的副作用一般就是对这项运动的厌恶。既然任何锻炼方式最好的前提都是享受，那么从长远角度来看，这种简单粗暴的训练方法并不是能把跑步成功坚持下去的秘诀。

累积性疲劳是日复一日、周复一周、月复一月持续训练导致的疲劳的量变积累。

汉森马拉松训练法通过图表的方式来让马拉松变成一种既成功又享受的经验，旨在鼓励跑友参加更多的马拉松比赛。与其他几类流行的训练方法不同，我们的方法不仅仅是要把你转换成一名能跑完马拉松的人，更是要把你转换成一名长久的马拉松跑步者。当我们教你马拉松训练的时候，我们会直截了当地告诉你怎么做；我们不会放什么糖衣炮弹，给你指一条所谓的终南捷径或是敷衍了事。实际上，如果没有流汗、流泪甚至流血的话，马拉松还真不算什么大事。

本章接下来的内容，是近距离管窥奠定了汉森马拉松训练法基础的几条理论。这些构建模块来自于著名教练亚瑟·利迪亚德（Arthur Lydiard）的理论。利迪亚德因为普及跑步这项运动而广为世人所知，他率领了一大批跑步者实现了自己的奥运会梦想。因此，他的训练思路对我们这套训练法的发展也产生了深远的影响。根据利迪亚德的理论，积累性疲劳成为了一种潜在的基础。累积性疲劳来自缓慢的逐步累积（但是还没到过度训练的程度），由日复一日、周复一周、月复一月的持续训练导致。换句话说，累积性疲劳是在重复性训练中产生的，这种重复训练在训练日之间不会让身体达到完全恢复的状态。这强调了一种协调性、战略性的马拉松训练方式，而不是把不同的训练日胡乱组合在一起。累积性疲劳的基本原则贯穿于汉森马拉松训练法的始终，由5个部分组成。如果你忽略掉累积性疲劳理论的任何一个组成部分，你就会扰乱其他的部分，产生类似多米诺的效应，从而限制马拉松比赛成功的必要生理适应性。这些组成部分是：

跑量
强度
平衡
稳定
恢复

跑量：战略意义上的每周跑步总量

许多马拉松计划最大的问题在于它们是为满足一般水平跑步者的需求所设计的，而没有考虑到他们的实际需求。这种计划一般在周六或周日安排大跑量训练，因为大部分跑友周末的时间是有保障的。另一半差不多的跑量，则平均分散在一周的其他工作日。这意味着工作日的跑步都是相对高强度的训练科目，很少有机会进行轻松跑和重要的马拉松跑量累积。既然那些计划中工作日的跑步训练都是相对高强度的，那么跑步者就需要更长的时间来恢复，因此也就更容易半途而废。就算那些计划详细规定了过渡时期如何跑步，跑步者也更容易因为前一次的训练强度过大而感到疲惫。

合适的每周跑量在防止累积性疲劳的产生扮演着重要的角色。随着将训练密度从每周3~4天提升到每周6天，跑量也会相应增加。这并不意味着要增加强度，更确切地说，增加的其实是轻松跑这一部分的跑量。汉森马拉松训练法将会教给你如何增加跑量，同时控制配速、避免过度训练。思考一下吧：如果跑步者要为5千米比赛进行训练，那么每周的实际跑量得是比赛距离的4~6倍。这样，从5千米为单位开始增加每周跑量也就有意义了（见表1.1）。尽管普通的马拉松跑步者不太可能一周跑4~6个马拉松的距离（160~240千米），但是每周跑量增加到全马的2~3倍还是可行的（80~120千米）

表1.1　　　　　　　　　　基于水平和比赛的周跑量

比赛距离	初级跑步者	追求成绩的跑步者	精英跑步者
5千米	24~40千米	64~80千米	144千米以上
10千米	40~48千米	72~88千米	144千米以上
半程马拉松	48~64千米	80~96千米	160千米以上
全程马拉松	64~80千米	96~112千米	176千米以上

尽管为马拉松做准备的跑步者都认识到，他们需要按常规增加跑量，但是一周80~128千米的跑量听起来还是挺吓人的。跑步新手会边看着他们的12周跑步计划，边怀疑自己是不是真的有能力做到。其实，这些跑友缺乏的是自信心。我们会告诉跑友们，他们开始实践这些荒谬的或者他们觉得超出自己能力的计划，直到他们可以到达某个节点，其实无论在精神层面还是身体层面都是可控的。每周96千米的跑量对于一天来说听起来的确有点荒谬，但是着眼于当下才是关键。一旦坚持几个月，你就会对自己能做到的事吃惊不已。

我们一次又一次看到，一旦运动员给身体充足的时间来适应新训练，他们就能忍受比自己想象的多得多的压力。我们的训练计划是帮助你每次建立一套跑量的阶梯，即从低跑量开始，逐渐增加跑量和强度。就像我喜欢对运动员说："如果你想建一所房子，你就必须先打好地基，要不然一切都是空中楼阁。"跑量打造出基础，有了基础才能做其他各种各样的功课。

强度：生理性适应

为了增加总跑量，我们的计划是脱离配速和强度之外的因素来制订的。这些因素是互相作用的，因为如果训练课目太难的话，你会非常疲劳，根本没有办法达到每周的跑量分配额度。在汉森—布鲁克斯长跑项目中，我们的精英运动员之间竞争是非常激烈的。教给他们合适的配速，也许是我们最大的纠结。在训练中，凯文和凯斯看起来永远都知道什么时候运动员会针对其他运动员在心里萌生出"我知道你挺快，可我比你更快"的想法。作为强调配速重要性的一种手段，他们会惩罚跑得比指定配速快的人，配速每快一秒就要被罚做一个俯卧撑。被罚做几个俯卧撑以后，运动员必然会老老实实地，按既定规矩训练。

当然，你跟不上配速的时候，我们是不会让你做俯卧撑的。但配速的确是累积性疲劳的一个重要组成部分。我们建议绝大部分累积的跑量都跑在厌氧阈值（乳酸阈值）配速，或者更低的配速以下。你也许会问了："当我跑得慢的时候，要是想加速怎么办？"在下一章里面，我们会为读者解释耐力训练如何做出很多很好的适应性调整的例子，包括线粒体的发育、肌肉纤维的适应，还有如何将燃脂作为能量供给。运动生理学家发现，在比厌氧阈值低的配速下训练时，人体最容易产生这些适应。因此要从有氧阈值、厌氧阈值和有氧能力的最低值短板开始提高，而不是将最高值推向更高值。不管今天是轻松跑还是大强度训练，将合适的配速贯彻其中，对于整个马拉松训练系统而言才是完整的。

轻松跑经常被误认为是垃圾跑量或填充性质的训练。实际上，轻松跑占据了每周训练相当大的比重，而且当跑步者保持在一个最佳强度训练的时候，可以大幅度提升良好的生理适应性。尽管如此，跑步新手和老手在进行这些放松训练的时候还是掌握不太好合适的配速。跑步新手们往往在轻松跑的时候太过用力，因为感觉逐渐增加的训练计划太过简单。大部分时间里，随着跑量的增长，强度的增加也很平缓，跑步者们没有耐心在整周的训练里都维持那样的配速。但是作为教练，我还是建议大家一定要从第一天开始就根据马拉松目标来调整配速，并进行合理的训练。这可以让你通过数周乃至数月的时间，来安全地增加里程和强度。很多有经验的跑步者总是过分关心训练，他们觉得越快越好，特别是那些从相对短距离的跑步项目升级到跑马拉松的人。处于这种情况下的跑步者如果没有磨炼好自己的兴奋、让轻松跑变得真正轻松的话，就很容易因为过度训练而折戟沉沙。不管你是什么水平的跑步者，当你让自己进行"轻松"跑训练的时候，我们希望你真的能轻松跑。一旦你进阶到更难的训练阶段，这些轻松跑的日子就会是你的主动恢复期，你的身体也就能反弹得更快，从而为下一阶段的训练做好准备。

即便是在较难的训练中，合适的配速也同样是至关重要的。当训练课目的目的为刺激某个特定的生理性适应时，我们承受的压力往往不够；那些课目并不是让你尽全力跑，直到累趴下为止。比如，节奏跑和力量训练可以提高厌氧阈值，但是这并不意味着你在进行节奏跑的时候要用比厌氧阈值更快的配速。同样，速度训练可以提高有氧能力，但应该跑在你最大有氧能力之下而不是超过它。想象一下，如果你要以5千米跑的配速跑6组800米，假设配速是每千米3.7分钟，或者是每800米3分钟。如果你前3组间歇是用了2分45秒、2分45秒和2分55秒完成的，那么后3组应该是3分10秒、3分15秒和3分10秒。这时你的平均用时是3分钟，那么针对单一间歇，你实际上并没有达到要求的配速。这意味着你并没有针对你想要达到的配速积累足够的训练，而这些训练是为了刺激有氧能力特别设置的。前3组非常快，是为了超过最大摄氧量，产生厌氧能量和乳酸。后3组因为疲劳和乳酸堆积而逐渐放慢。最后你驱动了自己刻苦地训练，却并没有获得任何主要的生理学层面的益处。

现在，你应该明白为什么凯文和凯斯让跑得快的人做俯卧撑了吧？通过检查训练范围，保持合适的配速，你就能让自己承受更大的训练量。这样你就能在训练中保持连贯性，因为你再也不会被累坏、需要休息几天或者调整训练内容。累积性疲劳就是为了让你疲劳，但是比设定的配速快，会让你超过可以充分恢复的那个点。那些只是垃圾里程。

平衡：均衡训练

现有马拉松训练计划最大的问题之一，就是缺乏平衡。它们似乎总是习惯程式化地强调长距离跑的重要性，当周剩下的那些日子就是为了从周末的训练中恢复过来。当过分关注于长距离跑的时候，训练的持续性、每周跑量、恢复和强度往往就被忽视了。作为一名跑步者，要想完全激发你的潜能，所有的生理系统就必须都糅合进训练中。记住，没有什么是不成则败的，没有什么是非黑即白的。如果你只关注长距离跑，它对你的马拉松是不可能有什么帮助的。这就是我们强调训练均衡之道的原因。

汉森马拉松训练法只为你呈现两种类型的跑步：轻松跑和实质练习（Something of Substance，SOS）。实质练习包括速度训练、力量训练、节奏跑和长距离跑，应把这些看作需要多一些努力才能完成的日常训练。通过增加训练的多样性，你不但可以收获必要的生理性益处，还可以维持积极性。如果多样性是生活的调味品，那么你最好也把它融入马拉松训练里。同样，重复性训练太多，你的意识和身体都会觉得倦怠乏味。当你轮换训练方式和每套系统的压力时，你就能以一种稳定的速率激发出生理性适应。把时间和能量分给长距离跑以外的轻松跑、力量、速度、节奏跑和恢复环节，你才能变成一名更强、更均衡的马拉松跑步者。择其善者而从之。当你的训练能保持均衡的时候，你就能自然而然地保持每一部分都是正确的训练量。

稳定：坚持比赛计划

作为一名跑步教练，我发现许多跑步者都没有办法坚持训练的稳定性。比如某一周他们跑3次，下周跑4次，下下周也许只能跑2次。这一点儿也不让人吃惊，因为每周都会有各自的挑战和惊喜：老板临时强加给你一项带截止日期的工作任务、车坏了、孩子病了，诸如此类，不胜枚举。人生的种种不可预见性，会让你很难坚持训练计划。有时训练的调整是必需的，但是有规律的跑步计划还是很重要的。从生理学角度来说，不稳定的训练会让神经末梢很难维持住健康的底线。如果有合适的训练，人体可以很快做出调整；但是如果连续几周训练不稳定的话，这种调整就比较难。例如，如果你已经连续3周、每周训练5天，身体素质的提高就会很明显；但是如果之后的两周每周只能训练两三天，体能的增强就会倒退。然后，就需要两周甚至更长的持续跑步时间，才能让你恢复到之前的体能水平。最后，6~8周的跑步只能让你恢复到第3周的效果。如果人生不得不做出什么大的调整，那么请修正训练，而不是放弃训练。有些事情，聊胜于无。

为了达到这种稳定性，你必须提前制订可实现的目标和计划。如果你眼光太高，那么你一旦发现自己需要完成的任务实在是太多，就会泄气。与之相反，如果你把目标和计划设置得太低，你就会感到无聊。设置合适的目标会让你每天出门的时候积极向上，就算是跑步也一样。提前计划好每周的跑步安排，同样可以让你言出必行。与其早上才去看看今天要训练什么，还不如提前5~7天就知道自己要干什么。你可以顺手把跑步计划写到自己的日常安排手册里，或者贴到冰箱上，这样整个一周你就能计划好如何克服要面对的种种困难了。如果你周二早上不得不参加一个早会，那就把跑步安排在工作之后。如果你的孩子周末有场足球赛，那么找个比赛场间休息的机会跑两步。当你为自己的跑步做安排的时候，你就更能坚持计划、保持训练的稳定性。

恢复：部分休息

当达到累积性疲劳的时候，你就游走在训练充分和过度训练的曲线之间。汉森马拉松训练法的目标是让你接近这条线，而并不超过它。大纲内的训练内容很难，但是它会让你在比赛日的成绩更好，也会让你更享受比赛。不完全恢复是训练的重要组成部分，它能让你表现得更好，即使你感觉并没有得到100%的恢复。

不管你是不是在做速度、力量、节奏跑或长距离跑的训练，一般当务之急都是对训练保持"新鲜"感。那种新鲜感需要你在训练日前后两天加以休息，这样才能减少轻松跑带来的有氧适应性。我们一般不会背靠背地进行大强度训练，但是我们推行主动恢复的理念。这意味着一般是先进行轻松跑，然后才是大强度训练。这样，你不用跑休一天，就可以从前一次的大强度训练中恢复过来。从这个角度考虑一下：在一次大强度的训练之后，你肌肉里面的糖元消耗殆尽了，身体感到无比疲劳。这个时候，补充糖元、碳水化合物，让肌肉自愈就变得非常重要了。但这并不意味着接下来的24小时里，你要赖在沙发上。首先，如果第二天你彻底歇下来，你就不可能得到任何有氧适能的提高。

其次，恢复是很重要的，疲劳累积需要进行局部调理。如果轻松跑能够在足够低的强度下完成则主要是燃脂，给你的身体一些时间来恢复损失的碳水化合物（也是糖元）的储备。此外，因为你跑的速度更促进燃脂而不是在消耗碳水化合物，你的肌肉也能学会更加高效地燃脂，从而更适应加诸之上的训练载荷，最后变得更强壮。这意味着你在没有大强度训练的日子进行轻松跑的话，身体可以处理增加的跑量和恢复，也能更快地获得有氧适能。

恢复的确很重要，但是累积性疲劳仅仅需要部分的恢复。即便是在轻松跑那一天过后，你的肌肉也可能多少会有一点疲劳，另外糖元储备得到了适度的补充，这些原因都会让你感觉到那么一点点的懒惰。这种现象很正常。你正在训练自己的身体，让它可以经受得起很长距离的跑步。就像你在参加马拉松比赛的时候会感到懈怠，但是依然会排除万难冲向终点一样，在训练中也要学会一直向前。这会形成累积性疲劳，成为你长距离跑不可分割的一部分。尽管你最后几天的训练多少对你的双腿还有残留的影响，你依然会恢复到足够的程度，可以跑你所需要的长距离。通过在长距离跑之前让你的双腿先加载一些疲劳，我们的训练方法可以教会它们如何胜任马拉松后半程的挑战。

简而言之，你在模拟跑马拉松的最后26千米，而不是开始的26千米。也就是说，压力并不是非常大，接下来的一周时间都可以用来恢复。实际上，第二天会是比较轻松的训练，接着几天之后才会安排下一次大强度训练。通过几次生理性适应，累积性疲劳就会训练你的身体完全为全程马拉松距离所带来的生理性压力做好准备。读者查看我们的训练计划时，会发现每隔4周，当周里程数就通过轻松跑、节奏跑和长距离跑那些天的累积而略有增加。随着你身体的适应，你就能够转化压力，进而不断向前进步。在比赛日之前，你最终让身体得到完全恢复，站在起跑线上的时候，会给你焕然一新的感觉。换句话说，你身体已经调整到最佳状态，准备好一次巅峰表现了。我们的训练法就是设计成这样来帮助你在比赛的时候感觉最佳，而不是在训练的时候感觉良好。毕竟，你可不想在练习的时候跑出最好状态吧？

为马拉松而训练并不轻松，也不应该唾手可得；你也许会咒骂它，热播的电视剧没时间看了，放弃了跟大伙一起度假的计划。但是当你成功跨过终点线的时候，这些都没什么可遗憾的。整套训练法是由伟大的教练设计的，而他们也是从其他伟大的教练那里学来的。这套哲理可以让你从一个想跑马拉松的人，转变成一个真心热爱马拉松的跑步者。我们就是为了帮助你达到这个境界。理解某些生理学法则，会帮助你了解训练计划的结构。那些基础会解答你"为什么"的疑问——为什么你要做这些事——同时，训练计划还会告诉你"做什么""什么时候做"。汉森马拉松训练法的结构就是依靠马拉松水平的生理基础形成的。通过理解这些关键法则，跑步者们可以在训练中少犯关键性的错误。

第二章

马拉松生理学

　　最近凯斯、凯文和我有天坐在一起边吃早餐边开会，讨论汉森-布鲁克斯长跑项目的精英运动员。我们很快就从聊鸡蛋和培根，转到了聊训练生理学。刚刚经过马拉松职业高峰期，兄弟俩都很奇怪为什么大家不关心什么才是最理想的训练方式。于是，讨论很快由这个话题转到他们所关注的适应高原训练法上。当时他们正在带队准备2011年的国际田联世界锦标赛，需要面对炎热潮湿的天气。对于哪些因素会真正影响发挥以及应该如何训练，似乎当时的业界并没有共识。满屋都是专家，他们在这个领域都有多年的经验，对于训练的建议和意见却南辕北辙。

　　这让我仔细思考了"我们"——我的意思是教练、运动生理学家、实验室里的学者和聪明勤奋的跑步者们，关于训练的流程想得都太多了。通常，我们都对自己想得太多。这对跑步者来说是件好事，他们可没有时间和欲望去读一个运动生理学的博士学位。你通过学习生理学的基础，然后就能专注于训练本身，这也是例证之一。通过抓住汉森—布鲁克斯训练法每天跑步的基本生理学精要，不管其中的信息量有多么大，你都能在训练中收获自信。

　　我们制订自己的计划，来让身体做出许多生理上的适应，以完成一个成功的全程马拉松。下面的原则就是我们训练方法的建筑基础。

　　马拉松肌肉
　　最大摄氧量
　　厌氧阈值
　　有氧阈值
　　跑步经济性

马拉松肌肉：强有力的影响

对于生理运动来说，肌肉系统才是王道。你的身体里有600多条肌肉负责产生运动和力，它们让你的心脏跳动、眼睛转动、吞咽食物，当然也包括让你的双腿跑起来。3种主要的肌肉纤维类型就是心脏肌、平滑肌和骨骼肌。心脏肌让你的心脏跳动，平滑肌在你的身体中推动食物前行，骨骼肌则在人类的运动中扮演最重要的角色。可以说，骨骼肌让跑步变为可能。

骨骼肌负责产生生理运动，也是能量的主要储存处。这些肌肉包括慢肌和快肌，后者又分好几种类别。每一块肌肉中都有快肌和慢肌，它们就像许多条电缆束一样捆在一起，每一小束是一种类型。上千捆这种束组成了一条肌肉，每一束都由一个运动神经元所控制。运动神经元位于中央神经系统中，通过控制肌肉来做出相应的运动。

纤维和运动神经元一起组成了运动单元。因为每一束只有一种纤维，因此一束慢肌纤维和一束快肌纤维将会通过不同的运动单元收到来自大脑的信息。如果一个运动神经元被激活了，肌肉就会发生轻微的收缩。如果多个运动神经元被激活了，那么就会产生更有力的肌肉收缩。为什么这些都很重要呢？最终，这种运动肌肉系统的结构就会拥有跑马拉松的能力。所以，你越了解自己的生理机能，你的训练就会越明智。下面让我们再仔细研究一下肌肉的类型吧。

I型纤维（慢肌）

你的家庭遗传基因决定了你的马拉松潜能。如果你的父母赋予你大量的I型纤维（也叫慢肌），你就比较适合比赛。这些纤维对于耐力比赛尤其重要，因为它们能有效地消耗能量、抵抗疲劳。慢肌纤维是有氧的，这意味着它们使用氧气传输能量。这是因为它们的毛细血管更粗，因此供给氧气的能力就比快肌要大得多。此外，这些纤维还有必要的组织结构实现有氧新陈代谢。这个组织结构被称为线粒体，还被称为"细胞的发电厂"。感谢线粒体，有了它你才能把脂肪和碳水化合物作为能量来源，从而让身体跑起来。

顾名思义，慢肌比其他类型肌肉的收缩速度要慢一些，这对于耐力跑步者来说是一项重要的功能。这些纤维并不能像其他纤维一样产生那么大的力量，但是它们能以一种稳定的速度供应能量，且在相当长的时间内产生能量。除了收缩速度较慢以外，I型纤维的直径只有快肌的一半。尽管它们又小又慢，但它们的效率和持久性更强，在长距离跑的时候可以避免疲劳。

II型纤维（快肌）

II型纤维又叫快肌，也是由遗传决定的，纤维比慢肌更粗、更快，能产生强大的力量，但是也很容易疲劳。因为这些纤维中的线粒体很少，所以它们的能量传输是厌氧的，并不需要通过氧气。这种有力的收缩会消耗大量的三磷酸腺苷，而三磷酸腺苷是一种高能量的分子，很容易疲劳、变得无力。这恰恰就是为什么奥运会百米冠军能以破纪录的冲刺速度完成那样一段距离，马拉松冠军则可以在42.195千米的比赛中维持住破纪录的配速。两种不同的肌肉纤维类型，会产生两种不同的结果。

II型纤维再细分的话，可以分为两类——IIA型和IIB型，它们也被称为中间型纤维。IIA型纤维与慢肌有几个共同点，因为它们含有的线粒体和毛细血管都比其他类型的快肌纤维要多。因此，尽管IIA型纤维能提供比慢肌更有力的收缩，它们也还是有氧的。与之形成对比，IIB型纤维收缩力强劲，用厌氧的方式传送能量，很快就会疲劳。对多种纤维类型做出的概要对比。如表2.1所示。

表2.1　　　　　　　　　　　　　肌肉纤维类型的对比

	I型	II A型	II B型
收缩时间	慢	快	最快
疲劳抵抗力	高	中	低
产生力量	低	高	最高
线粒体密度	高	中	低
毛细血管密度	高	中	低
氧化能力	高	高	低

工作系统

所有的人都有I型和II型两种肌肉纤维，分布范围却有很大的不同。不论是男还是女，大部分人45%~55%的 I 型纤维都分布在四肢。有健身意识但是还不到训练级别的人，I型纤维的分布能达到60%左右。经常训练长距离耐力的跑，I型纤维的分布能达到70%。精英级马拉松运动员甚至能达到更高。这就是挑战。拿参加马拉松比赛来说，拥有更多I型纤维的跑步者A，就是比I型和IIA型纤维分布更低的跑步者B更有先天优势。那么跑步者B如何利用自己的生理特点呢？

幸运的是，对于这两种跑步者来说，人体都是一台不可思议的机器，有能力适应大量的压力。在运动生理学领域，压力是指重复性的强度训练导致的一定生理性适应。科研人员花费了大量时间在寻找肌肉纤维转换的秘密上，希望可以发现像跑步者B这样的人如何能够通过训练压力来真正改变肌肉的构成。尽管绝大部分研究还没有任何成果，但是业界都公认为精英级长距离跑步运动员体内的Ⅰ型纤维含量远比一般的业余跑步者要多得多，那些Ⅰ型纤维对于提高马拉松比赛中的战绩至关重要（见表2.2众跑步者不同类型纤维含量的对比）。

表2.2　　　　　　　　　不同人群中Ⅰ型和Ⅱ型纤维含量的对比

	Ⅰ型	ⅡA型	ⅡB型
短跑选手	20%	45%	35%
久坐人士	40%	30%	30%
平均运动强度	50%	40%	10%
中距离跑步者	60%	35%	5%
世界级马拉松运动员	80%	20%	<1%

我们并不知道肌肉纤维的安排是不是先天的，是不是通过后天的训练压力可以改变的。尽管现在就断言Ⅰ型纤维可以转化为Ⅱ型纤维为时过早，但是有证据表明Ⅱ型纤维之间可以发生转化。在10~12周的短期训练之后，跑步者身体中厌氧、易疲劳的ⅡB型纤维可以转化成有氧、抗疲劳的ⅡA型纤维。这对耐力跑步者来说是天大的好消息。这说明训练可以引起实际的生理变化，可以带来运动竞技水平的提升和实实在在的提高。这对于跑步者B来说，就是希望。

最大化利用肌肉纤维

不管遗传怎样，训练质量对跑步成绩而言都是至关重要的。基因决定了你天生就适合从事的运动类型，正确的训练则能帮助你激发自己的潜能。不管你的DNA怎样，我们都将为你展示训练是如何做到这一点的。如果希望比赛日当天你的肌肉如你所愿地做出反应，你就必须用特殊的方式训练它们。一切的开始就是中央神经系统的运动单元发出一个信号，首先激活的是慢肌纤维。除非你做了下面的事情，否则你会继续严重依赖那些纤维。

1. 增加配速；

2. 遇到小山或者其他能产生阻力的力；

3. 跑足够长的距离来让慢肌纤维精疲力尽。

这取决于身体的健壮程度，有些跑步者可以在开始激活快肌前保持一个小时的适度配速，还有些人能坚持两个小时。这就好比你在全程马拉松的前一半只依赖I型纤维，那些纤维疲倦以后，身体就开始利用IIA型纤维了，也就是体积稍微大一些的需氧快肌纤维。如果你训练得法，就还有足够的余地，可以在马拉松剩下的部分使用这些纤维。尽管它们对耐力跑并不擅长，但是I型纤维力竭时，它们是很好的替代品。当训练不足的跑步者不得不启用第三道防线IIB型纤维的时候，问题就来了。记住，这些纤维是为力量而生的，它们疲劳得特别快。如果你想依赖这些纤维跑完比赛，只能善始，不能善终。

汉森马拉松训练法想要教给读者的，就是如何最大化利用I型和IIA型肌肉纤维，尽量不用到IIB型纤维。

最大摄氧量：副指挥

如果说肌肉纤维对于马拉松耐力潜能的地位好比是坐在驾驶位置上的司机，那么最大摄氧量就是它的副手，一直在协助它的工作。最大摄氧量指"能摄入的氧气总量"，就是跑步时人体运输和利用氧气的最大能力。当一个人的最大摄氧量是50毫升·千克$^{-1}$·分钟$^{-1}$时，意思就是"每分钟内每千克体重摄入氧气50毫克"。你需要知道的是，这个数值越高越好。尽管最大摄氧量经常被认为是检验体能高低的黄金标准，但它并不总是判断马拉松竞技水平最好的预测指标。实际上，精英级马拉松跑步者的最大摄氧量一般会比精英级5千米和10千米的运动员要略低一些。尽管最大摄氧量并不是马拉松潜能唯一的最重要的预测指标，但它仍然是整个环节中很重要的一项组成部分。

最大摄氧量是氧气摄入体内，并被肌肉消耗的最大值。

因为是血液把氧气运往肌肉的，所以考量最大摄氧量的时候必须看心脏的能力。和骨骼肌一样，心肌也可以通过训练加强，因此可以泵更多的血、为肌肉输送更多的氧气。心脏和双腿里的肌肉一样，也可以适应训练压力。想象一下，耐力训练会让心脏做出主动适应。4种适应见图2.1和下面的描述，它们也被业界认为是最大摄氧量最核心的组成部分。

提升冠状动脉的循环能力。提升循环能力意味着更多的血液达到心脏。

心室壁更厚，尤其是左心室。心室壁增厚，收缩力就变得更强，也就能泵更多的血液到动脉循环中。

心室的容积会变得更大。这可以让更多含氧血液储存在心室中，然后就可以在全身进行循环。

脉搏降低。当心肌力量增强时，就不需要保持原来的工作强度了。

总之，心脏泵出更多的血液，力量更强了，做的功就更少了。因为心脏的心室变大了，可以容纳更多血液，从而不管是在什么配速下，心率都会降低，让整个系统更高效、更健康。

心脏把越多的血液输送到血流中，血液中的氧气就能越高效地运到跑步用的肌肉中。更重要的是，心脏的适应从来都不会停止。当然，这也会影响到血液本身。实际上，研究显示，通过耐力训练，血液总量是增加的。最常见的血细胞——红血球细胞，就是在人体内输送氧气的主体。通过耐力训练，血细胞比容水平和血液总量中红血球的数量都会降低。这意味着因为血液总量增加了，血液本身的黏性下降了，血液就可以更容易地通过心脏和动脉。想象一下，刚加进车里的新机油和至少在发动机里运转了24 000千米的黏糊糊的机油有什么区别吧。更低的血细胞比容水平意味着体内的磨损也就更少，因为血细胞经过训练变得更大了，损失的氧气载荷能力也就更小。听起来有点拗口，因为血浆总量增加了，血细胞比容水平是代表了总量的百分比，所以降低了。因此尽管所占的百分比降低了，红血球细胞的总数却变得更高。100个的20%是20个，500个的20%可是100个，这会让你更有力。

经过耐力训练，心脏的泵血能力更强了，血液供给也变得更多更好。但是如果肌肉不能利用送上门来的这么多氧气，一切都将毫无意义。氧气真正运送到肌肉的这一过程发生在毛细血管床，这里是动脉的末端。很多这种毛细血管实在是太细了，以至于同一时间内只能有一个红血球细胞将其携带的氧气交付给肌肉。红血球细胞从那里开始了返回心脏和肺部、重新装载氧气的旅程。在休息的时候，许多毛细血管都暂停了活动。在你开始跑步以后，这些血管重新打开，让肌肉接收更多氧气，以满足训练的需要。

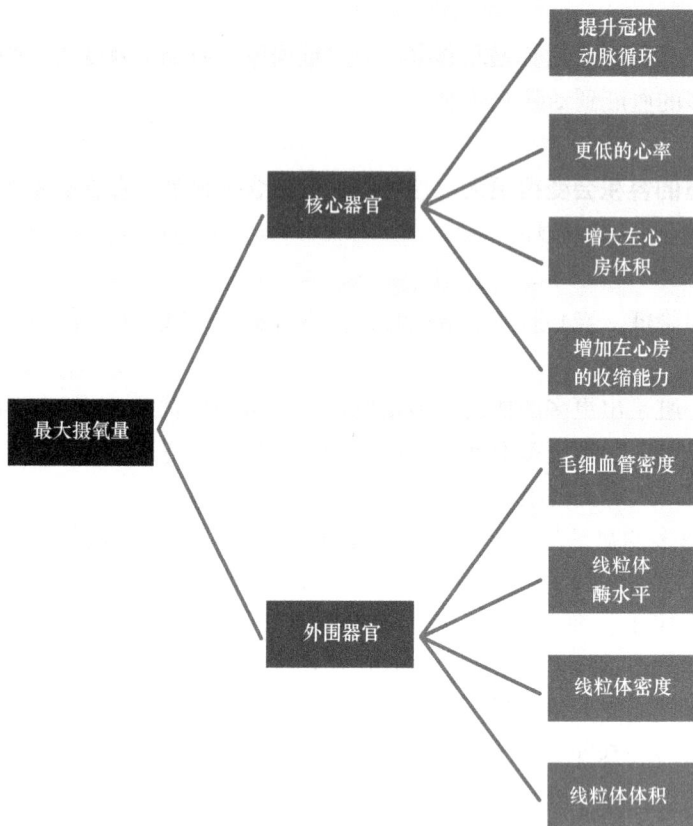

图2.1　耐力训练提高最大摄氧量的组成

提高最大摄氧量的核心组成部分是非常重要的，如果所使用的肌肉处理不了那么多变化，有一个更大的左心室来泵更多的血量反而不会有好处。幸好我们所讨论的跑步肌肉都是会适应变化的。有些次要的关键组成部分在耐力训练中会涉及，现罗列如下。

提高毛细血管密度。更大的毛细血管密度意味着氧气可以在细胞间更快、更高效地交换，最终的结果就是运动的肌肉得到了需要的氧气，可以继续运动。

提高线粒体酶的水平和活力。你可以把酶看作是一种工具，从而让工作变得更容易。身体做出反应时，它们可以减少所需要消耗的能量。酶的水平更高时，线粒体内部的反应可以在相同速率下完成更多工作。

提高线粒体密度。对于线粒体而言，脂肪和碳水化合物代表了运动的燃料，所以身体里的线粒体越多，就会有越多的脂肪可以作为燃料来维持有氧强度。

增加已有线粒体的体积。线粒体越大，就能处理越多的养料。如果我们能用更大、更多的线粒体处理更多的脂肪酸，我们就能减少碳水化合物的需求量、增加需求强度、提升有氧系统（依赖碳水化合物作为燃料）。

其底线就是，身体会明显适应训练。为了支持一个指定的活动并做得更好，它会做所有能做的事。最大摄氧量是你有氧潜能的上限，但并不是你潜在成绩的全部决定因素。当你的有氧能力达到极限的时候，你的厌氧能力也会紧追其后。因此，如果一个人想要跑好一次马拉松比赛的话，其他生理变量也会提供能量。

尽管没有必要唯最大摄氧量是举，但我们依然能保证这个数字通过耐力训练可以攀升增加，这也是你进步的重要指标。目前市面上有许多种测算最大摄氧量的方法，有些还是挺贵的。如果你追求高精度又负担得起高成本，就可以去当地的健身房，用一大堆仪器测试自己的能力。这需要你带着一个呼吸管在跑步机上跑，并逐渐增加速度。用了20分钟、花了100美元以后，你将会得到一张打印出来的、冷冰冰的数据。还有与之差不多的地方，但是花费要少得多，就是去当地大学的运动生理学实验室登记，充当人家的"小白鼠"。那里的研究生通常会给你大量的数据，且一般情况下你一分钱也不用掏。

如果你对机器测试不感兴趣，不妨考虑一下实地测试。比如，巴尔克（Balke）测试需要用到跑道、跑表和计算器。虽然下面的等式略有不同，但都是由著名的跑步教练、世界级的跑步科学专家乔·维吉尔（Joe Vigil）使用的。

$$最大摄氧量=0.178 \times [(m \div 15) - 150] + 33.3$$

为了完成这个测试，需要做彻底的热身，然后按下面的步骤进行。

（1）在跑道上尽全力尽可能快地跑15分钟，能跑多远跑多远。

（2）假设你跑了4 022米。

（3）用这个数字除以15，换算出每分钟跑多少米。在示例中，4 022 ÷ 15 = 268 米/分钟。

（4）在这个268米/分钟的速度里，前150米就按33.3毫升·千克$^{-1}$·分钟$^{-1}$指代。

（5）剩下的118米乘以0.178，再加上33.3的基数。注：如果你的速度换算下来比150米/分钟要低，那么就用150减去你的速度，然后乘以0.178，再用33.3的基数减去这个数。

用我们的这个例子：

$$15分钟跑4 022米=268米/分钟$$
$$118 \times 0.178=21.0$$
$$21.0+33.3 =54.3毫升·千克^{-1}·分钟^{-1}即最大摄氧量$$

这意味着你现在的有氧适能就是54.3毫升·千克$^{-1}$·分钟$^{-1}$。在确定你的最大摄氧量基线以后，你还要在训练中多次重复这个测试，来检查你的进步程度。记住，越是高阶的跑步者，这个数值的变化量就越小。变化总是会存在的，就算很小，那也是你在最大摄氧量的情况下所跑的配速。这才是最终真正会起作用的因素。

厌氧阈值：力量的玩家

如前文所讨论的，跑马拉松极其依赖有氧系统所提供的氧气，这比厌氧系统更高效、更耐久。厌氧系统很强大且有爆发力，但它的功能是不需要氧气的，因此只能在能量储备减少前提供很短时间的速度爆发，然后乳酸就会开始堆积，你不得不停止跑步。乳酸产生自高强度运动，被认为是引起酸痛、导致疲劳的万恶之源。但它实际上是肌肉的能量来源，可以让肌肉在"撞墙"之前再嘶吼着多输出一些力量。最近的研究成果告诉我们，这种情况下发生的疲劳实际上是由另外一种生理现象引起的。

真正的罪魁祸首是电解质——钠、钾和钙，这些物质在肌肉中有各自的作用，每一种都拥有自己可以触发肌肉收缩的电荷。在高强度和重复性运动中，细胞外的钾离子增强了，不能与细胞内的钠离子交换。这导致了肌肉的收缩越来越弱，这种情况就叫作神经肌肉疲劳，意味着你的身体很快就会减慢速度，逐渐停下脚步。我们认为的罪魁祸首不仅仅是血液中的乳酸，它还在马拉松跑步的过程中扮演着重要的角色。因为乳酸不断地生成，又被移除，所以有氧系统可以支持长时间的适度配速。但是，有氧系统疲劳或者强度增加以后，你就会变得越来越依靠厌氧系统。然后，就会达到这样一个点：你的身体产生乳酸的速度变快，但是身体处理不了这么多乳酸。就乳酸阈值（或者叫血液乳酸发作、厌氧阈值）而言，那就是乳酸开始在血流中堆积的触发点。

> **乳酸阈值**是乳酸开始以指数级方式堆积的配速，这时跑步者是在以一个稳定的配速奔跑。

厌氧阈值特别重要，因为它被认为也许是最好的耐力成绩的预测手段。它一般在最大摄氧量的60%~90%，所以你离最大摄氧量越近，血液乳酸就越容易开始堆积。当然，厌氧阈值最好是趋近于最大摄氧量的70%处。训练也许只提升你的最大摄氧量几个点，但是它可以显著影响厌氧阈值。如果你考查一群精英级马拉松运动员，会发现他们的最大摄氧量水平非常接近；而将第1名和第10名区分开的，就是厌氧阈值。最大摄氧量能将国家级选手和业余选手区分开来，厌氧阈值则可以将冠军和其他竞争者区分开来。

我们谈到最大摄氧量的时候，测试永远是一种方式，但是这种方式需要一定的主观猜测。除非你能在一个非常好的实验室里完成测试，并将具体数字打印出来。我们的建议是在训练计划中，观察你的身体如何反应。基本原则就是：厌氧阈值配速可以维持大概一个小时。这对有些跑步者来说也许就是10千米的配速，对其他人来说也许就是半程马拉松的配速。如果你还没有使用这样的配速，问问你自己："我能以这个速度坚持一个小时吗？"然后，根据你的反应做出调整。

谨记一点，厌氧阈值是有氧通路，仍然可以为肌肉收缩提供能量，但是不能足够快地提供肌肉所需的所有能量。这就是厌氧路径开始变得不同的原因所在。因此，我们可以通过训练将阈值提高。通过跑得更远、更快，我们可以训练自己的身体使之更依赖有氧通路，从而提升耐力并将达到厌氧依赖的时间点后延。汉森马拉松训练法与传统训练方法相比，最大的不同就在于我们将教会你如何通过大量有氧训练而不是成本高昂的厌氧训练来刺激有氧新陈代谢。

有氧阈值：糖原消耗

这里讨论的所有内容都是能量系统，所以你首先想到的就是：能量究竟是从哪里来的？一言以蔽之：脂肪和碳水化合物。作为一名马拉松跑步者，你应该专注于训练身体而使用脂肪作为主要的能量来源。我们的身体只储存了很少的碳水化合物作为快速能量来源，但是脂肪的储存几乎是无尽的。就算你的体脂比非常低，你的体内仍然有大量的脂肪可以作为燃料来使用。脂肪是特别高效的能量，每克脂肪所提供的能量几乎是碳水化合物的两倍。唯一的问题，就是脂肪氧化成能量的速度比碳水化合物氧化成能量的速度慢许多。对大多数人而言，在达到最大摄氧量50%以前，脂肪是能量的主要来源。因为在达到那个点以前是通过线粒体供给跑步所需的，所以脂肪的处理足够快。对大多数跑步者而言，最大摄氧量的50%实在是慢得让人痛苦不堪。在这个点以后，不管是增加距离还是增加强度，身体都会燃烧碳水化合物。因为不可能在没有氧气的情况下燃脂，所以那个身体开始燃烧碳水化合物储备的点就叫作有氧阈值。根据跑步强度画出的脂肪和碳水化合物的供能关系，如2.2的曲线图所示。

有氧阈值就是脂肪和碳水化合物消耗差不多1:1状况下的配速。

这就是在较高配速下，碳水化合物（糖原）成为主要能量提供来源的原因。过度依赖糖原储备能量的坏处就是，你只有大概两个小时的能量可用。一旦消耗殆尽，你就跑不动了。当你体内存储的糖原消耗光时，身体就会直接调用血液里的血糖，而血糖消耗得更快。这样的结果就是所谓的"撞墙期"，或者叫"撞墙"。在马拉松比赛中，你能看到一群人的前面、后面和中间都会有人像撞上了墙一样。他们就是慢到蹒跚而行，看起来好像在身后拖着300千克重的铁锚一样。尽管对于马拉松完赛者来说，这好像是一段不可避免的仪式，但是一套高明的训练计划将会帮助你完完全全地绕过这堵"墙"。所有这一切都是在一段相对长的时间内燃脂，以尽量避免利用那些有限的碳水化合物储备。

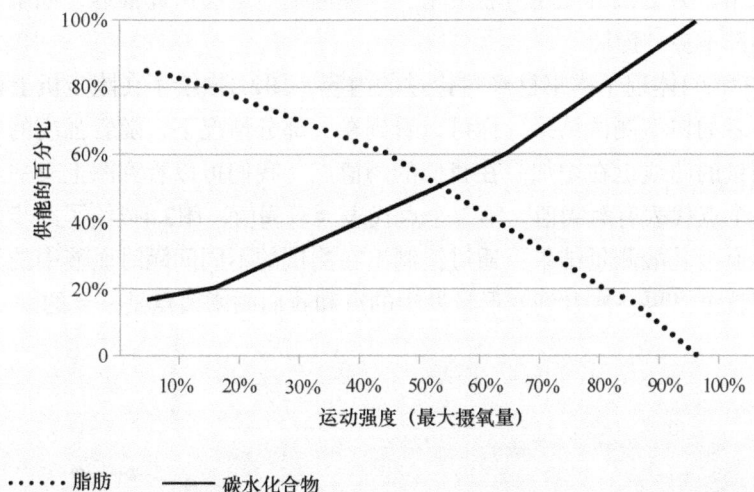

注：我们跑得越努力，就越依赖碳水化合物的供能。当我们接近100%的最大有氧能力时，碳水化合物就变成了唯一的能量来源，使得碳水化合物在运动持续时间和强度内变成了限制因素。

图2.2　不同跑步强度下脂肪和碳水化合物的供能

在你燃脂范围里的某个点，就是你最佳的马拉松配速。如果你是名初跑步者，这个范围也许是你最大摄氧量的50%~60%。经过一定训练的休闲跑步者，通常会在55%~65%。速度更快的跑步者，则会在60%~80%。

目前尚无精确的方式测试这个数据，即便是之前提到的实验室测试也不行。实际上，有些设备压根就没有这个阈值选项；最恰当的表述是这个阈值发生在跑步的初期。绝大多数轻松跑都很接近这个阈值。知道自己的轻松跑是在训练这项阈值就好了，怎么舒服怎么来。轻松跑不要太尽力，跑得时间尽量长一些就能提高阈值。

还好，对于有进取心的马拉松选手来说，可以通过训练让身体燃脂的时间更长一些。但就算是通过训练，燃脂的速度也不可能有什么变化。所以为了消耗更多脂肪，我们必须燃更多的脂。为了燃更多的脂，我们需要更多新陈代谢的"工厂"（就像前文提到过的，线粒体又被称为"细胞发电厂"）。像跑步这样的有氧训练会帮助增加线粒体的数量，从而可以依次将新的酶活动和氧气带到系统中。线粒体并不会生产得更快，只是变得更大、更多，让脂肪氧化，转变成肌肉收缩所需的能量。随着从脂肪中获得能量的增加，肌肉中的糖原就会延后使用，为更快的配速节省下来。"撞墙期"就会由此推迟，如果幸运的话，永远都不会"撞墙"。

图2.3和2.4体现了本书已经讨论过的内容。图2.3描绘了在跑步机上训练的一位跑步者的典型测试结果。你可以看到在大部分情况下，随着强度的增加，氧气使用量的曲线也在增加。在我们的阈值点，我们可以看到图上有一点变形量。第一个点代表有氧阈值，第二个点代表厌氧阈值。图2.4描绘了跑步机测试中的实际血液乳酸测量结果。通过绘制出在测试的不同间隔时血液中的乳酸总量，我们就可以再一次看到变形量发生的点和我们的阈值点是一致的。

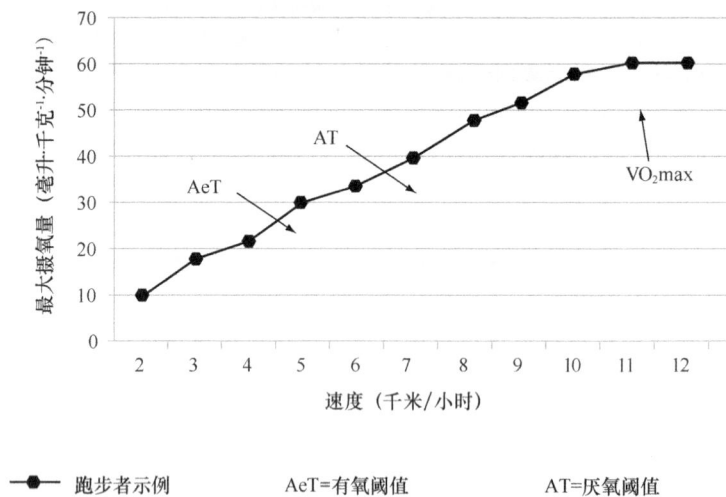

注：本图展示了一次标准的、针对经常训练耐力跑步者的跑步机测试结果，总体氧气消耗在达到最大率之前一直是增加的，之后就不再递增了。

图2.3 最大摄氧量跑步机测试结果示例

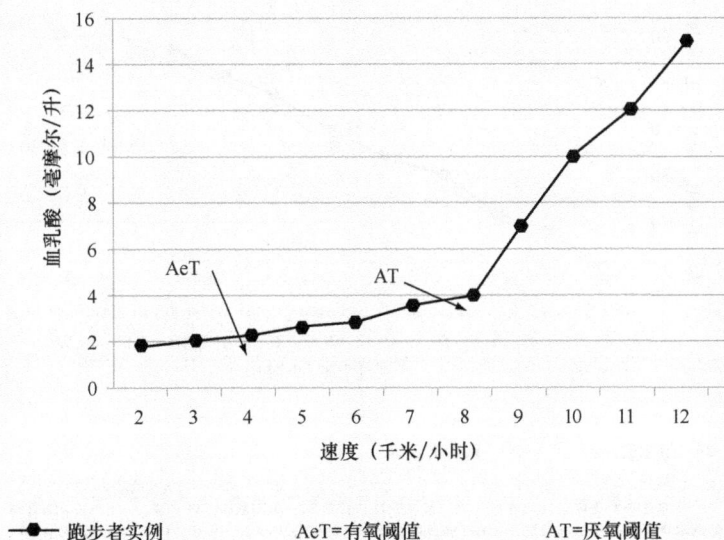

注：血乳酸测试清晰地展示了在相同最大摄氧量强度下的偏差点。在大约每小时6.4千米的速度下，是血乳酸的第一个跃增点，这表明更依赖碳水化合物。在每小时12.8千米的速度下，是第二个、更加指数级的跃增点，这表明身体已经无法消解足够多的乳酸，无法适应乳酸的快速产生了。

图2.4　乳酸的产生和消解

跑步经济性：关乎配速

　　跑步经济性的意思是跑某个距离需要消耗多少氧气，这是马拉松跑步者应该理解的终极生理课题。想象一下这个场景吧：跑步者A和跑步者B的最大摄氧量都是60毫升·千克$^{-1}$·分钟$^{-1}$。也许跑步者B用4分钟跑1千米的配速需要50毫升·千克$^{-1}$·分钟$^{-1}$的摄氧量，跑步者A同样的配速却需要55毫升·千克$^{-1}$·分钟$^{-1}$的摄氧量。基于这一点，跑步者B的经济性就比跑步者A要好一些，但更重要的是他会更快一些，如图2.5所示。

　　尽管针对跑步经济性业界还有很多争论，但有两个事实是很清楚的。第一，跑步经济性与训练总量高度相关。你不必费劲地每周跑225千米，只要对于你想训练的比赛距离来说，你的跑量足够就可以了。当我说"足够"的时候，我的意思是总跑量可以让你在比赛中发挥出色。比如，每周32千米对于一

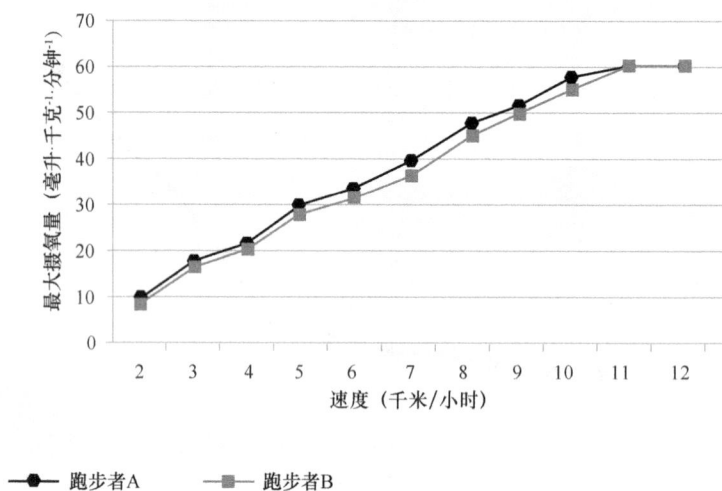

图2.5　两位相似跑步者间最大摄氧量的比较

名目标是5千米的初级跑步者来说绰绰有余，但对于高阶的马拉松跑步者来说可就远远不够了。跑量的多样性取决于你训练所要完成的比赛目标，也取决于你已经跑了多少年步，还取决于你想要跑多快。

跑步经济性就是指跑步者跑在某个配速下所消耗的氧气总量。同等情况下，需要的氧气越少越好。

　　跑步经济性第二个组成部分就是速度训练。在某个特定配速下持续训练，你在这个配速下的跑步经济性就会更高。因为目标就是在比赛配速下提高跑步经济性，所以你必须花相当多的训练时间在比赛配速上。这也就是日常训练的时候要比规定跑得快一些的原因。当你选择比建议速度跑得快一点的时候，你也许就训练在一个自己还没有准备好的水平上，这是基于你的实际比赛成绩之上的。在建议的配速之上训练，就会导致一些意料之外的结果：比如，现在轻松跑成了节奏跑，节奏跑成了力量跑，力量跑就成了速度跑。一开始你会觉得

这些配速可以达到，但我们的经验是大部分在训练中速度跑跑得太快的人，最后都会导致过度训练、精疲力尽，甚至伤病。如果你觉得自己在一个较快的配速训练时感觉很强壮，那么就有必要跑（或者模拟）一次比赛，来确认你已经准备好升级到一个更积极的比赛目标了。

基于生理学的方法

通过理解最佳马拉松训练所涉及的生理学因素，你可以看到每一种训练都有内在的原因。随着肌肉纤维适应跑步压力，最大摄氧量得到了更优化的利用，厌氧阈值提高了，在更高强度下的燃脂能力也增加了。最后，坚持不懈的最佳训练的结果就是跑步经济性提高了。这一切都源自人体非常细微的生理学变化：跑在相同配速下，毛细血管微循环增加了，线粒体数量增加了，线粒体酶的活力需要更少的氧气就能保持。所有这些因素在汉森马拉松训练法中都会得到贯彻，以帮助你完成最好的全程马拉松比赛。

第二部分

训练计划

第三章

训练计划的组成

　　市面上有很多种马拉松训练计划，跑步者们不禁怀疑，这些训练方法的背后是不是都没有包括32千米或32千米以上的长距离跑。事实上，凯文自己也承认，他劝说爱人南希，让她信服汉森马拉松训练法这个与众不同的训练处方的时候，也是非常困难的。在数次努力都没有跑进3小时门槛以后，南希放下了先入为主的成见，全身心地接受了这套计划。她非常认真地执行汉森马拉松训练法中关于训练的建议和规定，所以如果她进步很慢，她就会说："凯文，我每件事情都是照你说的做的，可是没有效果啊。"她假定，只要她虔诚地遵循这套计划，就能一劳永逸地解决所有问题。最后，南希跑进了3小时大关，开心地承认她训练的这套计划真的有用，听凯文和他兄弟的话是明智的。

　　当你开始仔细分析我们的训练计划时，需要考虑到"初级跑步者训练计划"和"高级跑步者训练计划"是由很多方面组成的。跑步是由以下内容构成的：轻松跑的日子和实质（Something of Substance，SOS）训练。图3.1就说明了每周跑量是如何分解的。实质训练包括长距离跑、节奏跑、力量跑和速度跑。长距离跑之所以归于实质训练，是因为按照定义，长距离跑比常规的轻松跑需要更多的努力。但是，只要比马拉松比赛慢的配速就应该叫轻松跑。通过一天天把训练计划安排得丰富多样，你就会训练不同的系统，也会协同优化你的马拉松潜能。

　　有些跑友经常会让我们加一些跑山和重复跑山训练。你也许注意到了，训练计划并没有具体指定要跑哪种山。从某种程度上来说，这使训练计划变得更简单、更容易执行。另外，为马拉松而准备的训练理应包含各种路面。特别是当速度训练通常在场地或者是平路上进行时，力量训练就应当在更有起伏的地形下进行。比如，"汉森—布鲁克斯长跑项目"运动员的力量训练就是在当地一个一圈为10千米的公园里完成的，里面就包括了起伏的路面。这让他们在实质训练中就可以体验山地环境，而不一定非得专门跑山。

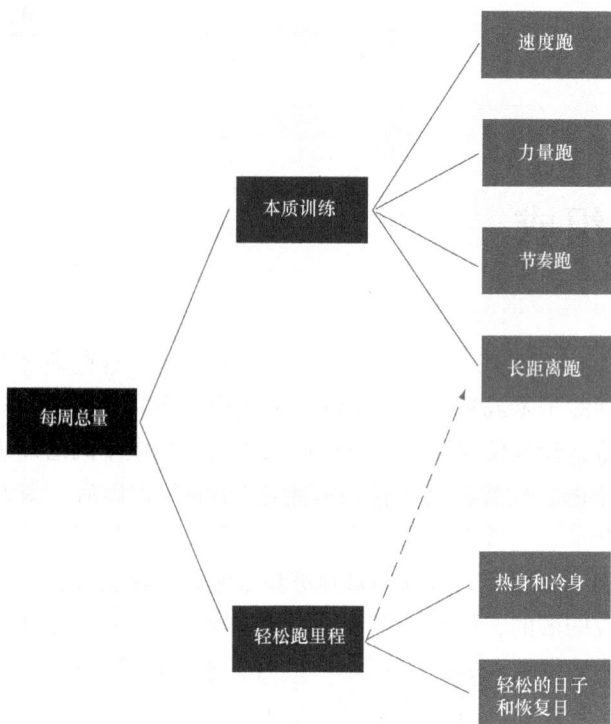

图3.1 每周里程分解

对旨在提高一定生理功能的常规特定训练来说，**超负荷原则**是比较理想化的，因而会引起一些训练反应（你的身体会变得更强壮）。

这种多样手法的基础就来源于超负荷原则，它意味着当身体已经习惯一种动作的时候，一旦打破它的既有状态（内在平衡），就要激发恢复机制。如第二章所讨论的，不同的压力导致系统的超负荷也会刺激生理的变化。这种适应，会让身体为下一次承受那些特定压力做好准备。这就是累积性疲劳准则的来源之处，也是我们整个训练哲学需要着重强调的地方。所谓累积性疲劳，就是在不让身体达到返回点（过度训练）的前提下挑战自己。纵览我们的训练课程，我会告知你，我们的训练都是为不同阈值压力而设计的，但是又不用让其中任何一个阈值过量。通过在规定的配速和强度下进行各种训练，你就可以走在趋向利益最大化，但是又不会过犹不及的正确路线上。

轻松的日子

轻松跑

谈到轻松跑的时候，往往会有很多误解。很多人都认为这样的训练没有必要，纯粹就是为了凑跑量。许多跑步新人都相信这样的训练可有可无，因为他们觉得轻松跑并不会给他们带来任何实际的益处。你可别被人忽悠了，轻松跑的跑量在跑步者能力的发展中可是扮演着重要的角色呢！每次跑步都不需要是，也不应该是用力夯地、精疲力竭的体验。轻松跑有大量重要的益处，且你不需要受任何伤痛就能获得比实质训练多得多的超负荷训练量。这可以让身体保持一种略微被瓦解的状态，让你在免于受伤的同时，还能持续地促使身体适应体能增加所带来的压力。

在高级跑步者训练计划达到峰值的那一周，我们设定的跑量上限是100千米。如果我们看起来接近点儿了，比如说50千米或者50%，这就可以定义为轻松。图3.2就给出了一些理由，来说明周跑量的一半左右要专门来做这种类型的训练。为了理解为什么轻松跑如此重要，你必须考虑生理适应刺激来源的很多方面，包括肌肉纤维的生长、能量的利用、毛细血管的生长、心肺的力量和身体结构的健康程度。

轻松跑的生理学定义

当考虑轻松跑之所以如此重要的原因时，我们先要明白轻松跑对肌肉纤维的影响。第二章已经讨论过了，一位跑步者身体里慢肌纤维数量的多少是取决于遗传的，遗传最终决定了他或者她成为一位马拉松选手的潜能到底有多少。但是，训练也可以改变纤维数量。轻松跑会唤醒全部的慢肌纤维，因为它们的"燃点"更低，或者说是收缩阈值比更有力的快肌纤维更低。跟其他肌肉一样，慢肌纤维用得越多，它们的生长相应就会越多。随着对疲劳抵抗能力的增强，就可以在更多的里程中更依赖慢肌，让快肌不要全都动员起来，而是为将来做储备。最后，轻松跑能帮助慢肌更加耐疲劳，让快肌替代更多慢肌的功能。

更重要的是，你拥有的慢肌越多，你就越能做好准备把脂肪转化为能量。我们现在知道这是一件非常好的事情，因为身体有大量的脂肪可以转化，但只有很有限的碳水化合物供给。你燃脂（而不是消耗碳水化合物）的时间越长，"撞墙"的时间就越能延后，这是糖原耗尽的结果。当你在低强度下跑步的时候，你的供能大约70%来自脂肪，30%来自碳水化合物。随着配速的增加，碳水化合物消耗所占的比例也会增加。你轻松跑的日子可以看作催化剂，用来促进慢肌生长，因此应尽量多燃脂、少消耗碳水化合物。燃脂的时候慢肌比快肌要好，因为它们所包含的可以燃脂的线粒体、酶和毛细血管更多。

为了满足训练所需大量能量导致的燃脂需求，线粒体会变得更粗壮，而且会遍布肌肉中。研究表明，训练六七个月就能刺激5%的线粒体增大35%。作为跑步者，因为线粒体的密度更高，所以能帮助身体更高效地燃脂。比如，如果你一年前跑一个配速时供能的60%来自于燃脂，那么经过为期一年的训练之后，这个比率也许就能增加到70%。

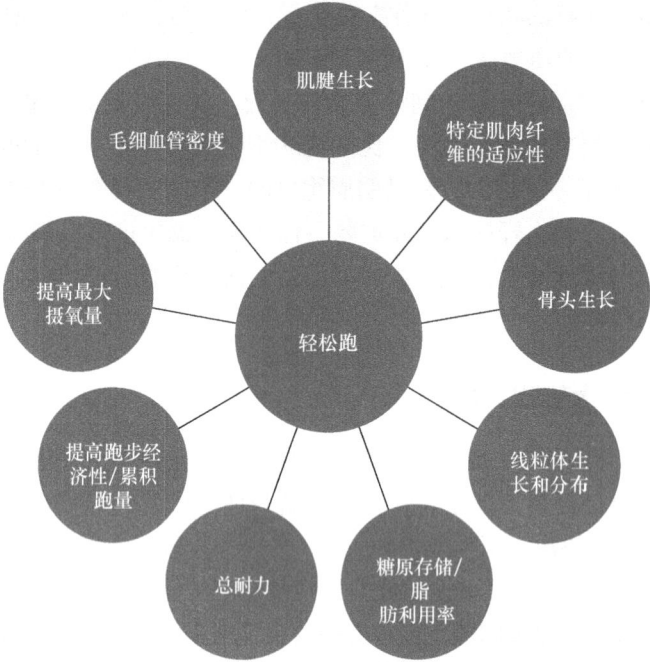

注：看看轻松跑产生的所有这些好处吧。你还认为轻松跑是在积累垃圾跑量吗？

图3.2　轻松跑的好处

感谢轻松跑，让你身体的酶有所提升，从而可以帮助燃脂。你身体的每个细胞都含有这些酶，它们都在等着有氧活动来"激活"。不需要什么药物，也不需要特别的手术，这一切就是你身体燃脂的自然反应。酶的工作就是让脂肪能够进入血液，然后输送到肌肉中作为能量。有了增加的线粒体和燃脂酶的帮助，身体就能在更长的时期内利用脂肪把"撞墙期"延后，进而让你跑得更久。

毛细血管的生长也是轻松跑的另一个好处。因为跑步需要更多的血液来为人体供给氧气，所以在运动的肌肉中毛细血管的数量也会随着训练而增加。在仅仅几个月的跑步训练之后，毛细血管网就可能会增加达40%。此外，慢肌比快肌富含更多、更大量的毛细血管网，为慢肌提供更多的氧气。因为那些肌肉毛细血管的密度增加了，更多的氧气就能以一种更高效的方式提供给慢肌。

轻松跑还可以让所锻炼到的肌肉以外的部位产生一些适应。你应该知道，如果做的功增加了，你的身体就会需要更多氧气，而将更多氧气传送到各个部位的方法就是输送更多血液。通过几个月的训练，尤其是进行了轻松跑的练习，跑步者的血红蛋白（也被称为"氧气输送者"）在血液中的总量将会增加35%~40%。增加的这部分不仅能帮助输送氧气，还能把新陈代谢的废物送走。

增加这种生长最好的办法就是通过轻松跑获得。如果一个人从训练计划中将轻松跑移除，所有这些适应也会大大削减。一方面，想一想做间歇跑训练时的跑量吧。这种大运动量所累积的跑量也许只有几千米。另一方面，想一想轻松跑时累计的跑量——每周N多千米。当你试图在一种系统的顶端承受压力（接近100%的能力）时，你只能做一定量的工作。当你从基础开始构建一种系统时，能承受的压力会更大。换句话说，你每天的轻松跑能让心脏有更多的机会适应适度的工作量，这比有限量的极大强度的工作要好得多。

轻松跑还对你的生理系统进行了一定结构的改变，这对跑好马拉松是有帮助的。这种改变与跑步涉及的那些肌肉所连接的肌腱有关。当你跑步的时候，身体落地后所承受的力量是体重的好几倍；跑得越快，承受的力就越大。这样就会拉伸肌腱和关节，通过轻松跑逐渐作用于这些部位，让肌腱慢慢地适应更大的撞击力，让身体未来能够应对更高要求的高配速奔跑。

总体来看，轻松跑可以让身体逐步适应，来获得更高的最大摄氧量、有氧阈值和跑步经济性。当更快的有氧训练不能为肌肉的有氧能力和耐力提供更多帮助的时候，大量的轻松跑则可以通过跳跃和跳动加剧有氧能力的发展。不管你是想要加强心脏功能、为工作的肌肉输送更多氧气，或者仅仅是可以在一个配速下跑更长的距离，在你的训练中加入大量轻松跑都是很好的方法。

轻松跑的指导原则

轻松跑通常是指在20分钟到两个半小时之间，最大摄氧量强度在55%~75%的跑步。因为我们大部分人都没有办法测量最大摄氧量，所以退而求其次的好办法就是看看每千米配速。汉森马拉松训练法对轻松跑的定义是比目标马拉松配速每千米慢37~74秒。比如，如果你的配速是每千米5分钟，你的轻松跑配速就应该是每千米5~6分钟。轻松跑是马拉松训练必备的部分，同时控制配速则是效率的关键，因此应确保不要跑得太过轻松。如果你的配速过慢，那么肌腱和骨骼就不会得到任何有氧的好处。参考本章末的图3.5，查看适合你的具体指导原则。

表3.1　　　　　　　　　　　　　轻松跑如何融入整体

周一	周二	周三	周四	周五	周六	周日
轻松跑	速度跑	休息	节奏跑	轻松跑	轻松跑	长距离跑

注：周一和周五的配速应该谨慎、睿智地对待。

周六可以考虑在轻松跑配速的范围内跑快一点儿。

心中一定要记着有些时候需进行"快的"轻松跑（每千米配速比马拉松配速慢37秒，还有一种"慢的"轻松跑（每千米配速比马拉松配速慢74秒）。"快的"和"慢的"轻松跑的具体配速在日志里并没有明确指定，这是为了让你可以根据自己的感觉和身体健康水平做出一些灵活调整。如果你是马拉松新人，就应该更关注于基础训练，而不是跑在某个速度之下。对于高级马拉松跑步者来说，则应该在轻松跑的时候交替进行快慢配速的训练——特别是在进行长距离跑的时候。建议在最慢速轻松跑的前后，做足热身和冷身。其目的是弥合不跑到快速轻松跑之间的速度差距，反过来也是弥合快速轻松跑到不跑之间的速度差距。实质训练的第二天，是你另外一个可以选择慢速轻松跑的时候，当然也取决于你自己身体的感受如何。例如，如果你周日进行了长距离跑的训练，周二要练力量，那么周一就可以跑得轻松一些，来确保你在周二时身体能够得到很好的恢复。通过以比马拉松配速慢每千米74秒的配速跑轻松跑，初级跑步者可以安全地过渡到更高跑量的阶段。更高级的跑步者会更容易发现，他们就算是在实质训练之后也可以驾驭更快的轻松跑范围。节奏跑训练后的第二天，或者是轻松跑往前数两天，都是进行慢速轻松跑训练的好日子，这时的配速比马拉松比赛配速慢每千米37秒。

不管你是新人还是寻找新训练方法的老马，轻松跑的时候都坚持这样的计划吧。享受轻松跑的日子，享受风景，或者和朋友边跑边聊。当然，你还要清楚地知道跑步在生理学上有哪些好处。更重要的是，在一次美好、放松的跑步之后，你的身体自己就会期待一些挑战，准备好下一个实质训练了。

表3.1的日程让你有了一个宏观的概念，知道如何把轻松跑融入整体的训练计划当中。周一的距离可以从8～13千米，然后周二进行速度训练，周日拉练一次长距离跑。并且，注意一下周五的轻松跑也是紧接在周四的节奏跑之后的。这是过度训练经常发生的时间，这时轻松跑的作用就是实质训练之间的"三明治"。当跑步者还感觉很新鲜的时候（这在训练的第一部分是很常见的事），就会导致他们比规定的跑得要快一些。记住，这些日子你并不需要担心跑得有多快；这时你应该关注脚，而不是配速。

对于周六的轻松跑来说，你的配速就可以稍微灵活一点。如果你感觉很好，可以跑在轻松跑比较快的那个频段。新陈代谢的适应将会贯穿在整个配速范围内，但如果你总是习惯跑快的话就有可能会受伤，所以一定要保持适当的配速。通过图3.1可以看到，如果你一直在训练周中给自己加码的话，你早晚会达到一个时间点。这时候如果你还想进步，就必须通过增加另一个轻松跑的日子（周三），或者在轻松跑的日子增加跑量，而不是简单粗暴地跑得更狠。你会发现在汉森马拉松训练法中，每周训练跑量又一次达到峰值，轻松跑的日子就是贡献给当周跑量的。

实质训练

长距离跑

长距离跑所获得的关注，比其他马拉松训练的组成部分都要多。这已成为训练中跑步者状态的象征，以及一个人和其他跑友之间进行比较的标杆。然后，你会吃惊地发现，现在圈里面关于长距离跑的建议都是误人子弟的。在经历了跑量相对较少的几周之后，有些计划建议要进行累人的长距离跑，跑完就跟上了刑一样，而不是安排富有成效的训练。在一周3次跑步训练的最后一天安排32千米的长距离跑，让人既斗志低垂又容易受伤。很多人都会质疑长距离跑，因为不知道自己能不能承受。但是尽管如此，你还得说服自己继续忍受。

尽管业内有大量风传和学术上的证据反对这样的训练策略，但这种长距离跑要达到32千米的建议还会继续在坊间流传。这对于马拉松跑步者来说已经成为了一个有魔力的数字，丝毫没有考虑到个体在能力和目标上的差异。数不清的马拉松选手都用这种训练计划完成了比赛，汉森马拉松训练法则为大家提供了一种不同的途径，不只让训练变得更有趣，也能帮助你更高效地跑完全程马拉松。

我们处理长距离跑的方式也许听起来有点激进，但它是从实验室里的理论数据和实地路测的实践成果中总结归纳出来的。在从每年的运动科学文献中筛选出精华后，凯文和凯斯将执教的精英运动员加以分组，测试我们自己训练中的理论。看来有必要修正一些马拉松训练中长期以来的信条了，特别是关于长距离跑的。因此，在标准的汉森训练体系中，最长训练日里的长距离跑只要26千米就够了。但是有个技巧哦，长距离跑应该模拟马拉松的后26千米，而不是头26千米。实际上，训练计划应该在双腿完全疲劳前，模拟在马拉松比赛中经历到的累积性疲劳。与其花费整整一周的时间从之前的长距离跑中恢复，倒不如为未来的长期成果打好基础。

查看表4.3所示的一周训练计划，会发现其中就包括周日的一个26千米长距离跑。以此作为切入点，我们周四就可以安排一次节奏跑，周五和周六就可以做轻松短距离跑。我们在长距离跑之前并没有让你完全休息一天，因为轻松跑的那些日子就足够你恢复了。因为并没有哪个训练完全掏空了你的能量储备，从而让你的双腿感到疲乏，因此疲劳一直都在积累着。计划让你的身体得到部分的恢复，但是它设计的就是让你在进行长距离跑的时候感到有一定程度的疲劳。周日的长距离跑之后，你应该在周一进行轻松跑，在周二进行力量跑。这一开始看起来也许有点多，但是因为你的长距离跑配速和里程都是根据你自己的能力和感觉做出调整的，所以需要的必要恢复就很少。

长距离跑的生理学定义

长距离跑有很多好处，且都与轻松跑相关。从精神层面来说，因为你每周积累的里程都比以前多了，长距离跑可以帮助你增强信心，并帮助你发展完成任何耐力赛时所需的必要技术。当你感觉没有发挥100%的时候，它们将教会你如何坚持。因为你永远都不可能知道马拉松比赛日的当天会发生什么，所以这就是你的"不动产"。然而最值得注意的，就是长距离跑的结果带来了生理性的适应。提高最大摄氧量，加速毛细血管的生长，心脏也更加强健，让细胞提高利用脂肪的能力也是长距离跑带来的诸多好处。当身体训练长距离跑的时候，它就会学习储存更多的糖原，因此在你感到力竭之前能跑得更远。

> **长距离跑的好处包括：**
> - 通过数周增加的里程增强信心
> - 提高最大摄氧量
> - 让细胞提高利用脂肪的能力
> - 增加肌肉力量
> - 增加肌肉内的能量储备

除了增加肌肉中的能量储备之外，长距离跑还可以增加肌肉的力量。尽管长距离跑一开始是身体利用慢肌纤维为多，但是因为慢肌纤维疲劳之后，最终还是会调动快肌纤维。训练快肌纤维的唯一方法就是长距离跑，而且要先让慢肌疲劳；通过加强这些纤维，你就可以在比赛日当天避免"撞墙"。现在，这些适应的大部分可能都开始得差不多了。

长距离跑的指导原则

著名的跑步研究学者和教练杰克·丹尼尔斯（Jack Daniels）博士的建议，为长距离跑计划提供了基础。他指导跑步者，不管是跑5千米还是马拉松，每周的长距离跑都不要超过当周总跑量的25%~30%。他还说过，长距离跑必须强制执行2个半小时到3小时的时间限制，一旦违背那些指导原则，将不会有任何生理上的好处，而且可能会导致过度训练、伤病和倦怠。

大卫·马丁（Dave Martin）博士是乔治亚州立大学的跑步研究专家，还是美国国家队的顾问。他的意见就更进一步了，建议长距离跑应该介于90分钟到2小时。他提议，高水平马拉松选手的长距离跑只要29~40千米就可以了，而高水平的定义是可以在3小时内跑完40千米的水准。这凸显了核算跑步者长距离跑配速的重要性。乔·韦杰（Joe Vigil）博士也是美国国家队的教练，还是一位科学家，他更进一步支持了这个观点。他建议长距离跑应该逐渐增加，直至运动员长跑时间达到2~3小时为止。当然，能在3小时以内跑完40千米的精英级跑步者就是会比3个半小时甚至更多时间才能跑完同样距离的跑步者提供不同的生理性适应。

依照南非传奇学者、作家蒂姆·诺克斯（Tim Noakes）的理论，在最大摄氧量70%~85%范围内的、维持2小时或更长时间的持续简单适度跑会让糖原得到最大程度的消耗。运动生理学家大卫·康斯提尔（David Costill）也指出，2小时左右的跑步最多可以减少50%的肌肉糖原。这个糖原消耗率在比赛当天是可以接受的，在训练循环的中段却达不到效果，因为需要72小时才能补充满这些消耗。当你大量消耗那些能量储备的时候，就会突然感到疲劳，从而错过了重要的训练；或者你拖着极度疲劳的双腿完成了训练，最终却害了自己。相比和"回光返照"点纠结、生拉硬套地跑32千米，汉森马拉松训练法关注的则是里程的百分比和跑步所花费的总时间。我们建议最多跑26千米就够了，我们更关心长距离跑是不是基于你每周的总跑量，以及长距离跑的时候配速是多少。这听起来有点打破常规，但是你会发现我们的所有建议都不是信口开河；它们一定是源于科学，源于已经被证明的结论。

就像诺克斯博士规定的那样，教练圈里面广泛接受长距离跑不能超过每周总跑量25%~30%的看法。即便如此，还是有很多马拉松训练计划忽视了这个准则，而是喜欢胡乱凑跑量。比如，如果初跑步者计划每周跑量的峰值是64~80千米，那么建议跑一个32千米的长距离就违背了基本准则。尽管这种史诗般的长征一般都像三明治一样夹在轻松跑和休息日之间，但是这天的跑量绝对不可能接近当周总跑量的一半。查看表3.2，你就可以知道基于每周的总跑量，长距离跑应该安排多长了。

表3.2   基于每周总跑量的长距离跑长度

	总量的25%	总量的30%
每周64千米	16千米	19千米
每周80千米	20千米	24千米
每周96千米	24千米	29千米
每周112千米	28千米	34千米

这些数字恰恰说明了马拉松训练是相当严谨的，绝对不能瞎跑，也不能逞一时的匹夫之勇。这些数字还说明了一个事实，那就是许多训练计划的长距离跑把这个标准抛到九霄云外去了。如果你是名初跑步者，或者你平时的跑量并不多，那么你的长距离跑就必须做出相应的调整。对一周跑128千米的跑步者来说合适的事，放到一周跑64千米的跑步者身上就行不通。

此外，每次长距离跑都要完成最佳的长度，你必须坚持同一个配速来获得最大的好处。因为我们在相同的时间内并不能跑相同长的距离，唯一可行的方案就是根据你将会跑多快来调整长距离跑。研究表明，2 ~ 3个小时是长距离跑新陈代谢适应的最佳"窗口"。一旦超过这个时间，肌肉就开始分解。表3.3就显示了基于配速完成26千米和32千米分别需要多长时间。

表3.3　　　　　　　　基于每千米平均配速的长距离跑时间

每千米配速	26千米	32千米
4:18	1:52:00	2:20:00
4:55	2:08:00	2:40:00
5:32	2:24:00	3:00:00
6:09	2:40:00	3:20:00
6:23	2:56:00	3:40:00
7:23	3:12:00	4:00:00

上表展示了跑步者以4分18秒每千米的配速完成26千米的话，时间需要不到2个小时；以6分23秒每千米的配速跑同样的距离，则要花费将近3个小时。那么结论就昭然若揭了，如果以比5分32秒每千米还要慢的配速来跑长距离的话，就应该不超过32千米，超过的话就超出学者和专家推荐的"机会窗口"，因而就达不到预期效果。这也是32千米是怎么来的原因。根据汉森马拉松训练法提出的跑量，32千米的长距离跑既适合每周总跑量，也适合长距离跑的总时间。

当然你在决定长距离跑跑多远之前，必须首先决定配速是多少。我们一般会让跑步者先以轻松到稳健的速度跑。这并不是大跑量轻松跑的一天，要把它看作长距离训练。如果你是马拉松新人，一旦距离长了，你就很容易在配速上犯错。更资深的跑步者会维持一个相对稳健的配速，因为他们的肌肉已经适应了这种耐力所带来的压力。在长距离跑的过程中，当你可以避免多做这些漫长的功时，你就能获得更多的好处、避免潜在的过度训练风险。至于更精确的配速请查看表3.5。

速度练习

有了速度练习，马拉松训练才能变得更有意思。当我们说速度练习的时候，会涉及间歇跑，也叫重复练习。速度练习要求你按照某个距离、高强度地多次往返，各组间进行恢复。这种类型的训练不仅仅是要针对我们早已讨论过的重要的生理改变进行提高，而且还教会你如何处理更难的事。轻松跑的日子是典型的低压力，但是速度练习则要求你像对待比赛一样认真，自律会是你获得的众多好处中的一个。如果说你昨天晚上去城里花天酒地了一夜，第二天早晨也许还能完成轻松跑；不过要是你想完成速度练习，前一天晚上就必须好好大吃一顿、好好大睡一觉。不管你如何完美地执行了这些练习，你付出一尺，训练将会回报你一丈。你完成的所有速度练习就像在银行里存钱一样，当你在马拉松面对最困难的时刻，它就成为你可以召唤的资源。

出乎意料的是，资深跑步者也会犯和新手在进行速度训练时同样的错误。换句话说，资深跑步者也会忽视速度训练。例如，我们遇到过很多一年跑两三个马拉松就觉得乏味的跑步者。深究这些跑步者的历史，我们经常会发现他们跑了太多马拉松比赛，完全放弃了速度训练，而是把所有时间都花在了长距离跑、节奏跑和恢复上，练习的平面化就导致了比赛成绩的原地踏步。遇到这样的情况，我们就直接把他们指引到汉森马拉松训练法的正轨上来。与其他练习类似，速度训练是让你身体持续保持状态的重要组成部分，需要适应练习强度和距离的多样性。

如果你是马拉松新人，你过去的速度练习只是简单地处理成有些日子比其他日子跑得快那么一点，那你就与大多数人没什么区别。幸运的是，我们给你提供的速度练习有一个介绍课程，将教会你如何进行更大强度的练习。因为你学习了如何适当地进行速度练习，你的训练就会从漫无目的的瞎练转化为有目标、有指导的有的放矢。这些练习还能帮助你预测自己马拉松的能力。有了速度训练的帮助，你就可以成功地跑完5千米或10千米这样短程的比赛；然后根据完赛时间到比赛等价表中查询，以确定你的预估马拉松完赛时间。此外，这些练习还可以帮助你找出自己的弱项，让你有足够的时间加以定位和改进。

速度练习的生理学定义

速度练习最大的受益之处就是肌肉。有了速度练习环节，不仅仅是慢肌，而且中间状态肌肉的纤维也能被最大化激活，以提供有氧能量。这强迫慢肌纤维最大程度强化自身的有氧运动能力，还在慢肌纤维疲劳的时候训练了中间状态的纤维，让它们也参与有氧供能。肌肉协作能力提高的结果，就是跑步经济性的提高。通过速度练习到轻松跑的各种刺激，跑步经济性就是指你的身体如何在某个配速下高效利用氧气的能力。请谨记，跑步经济性比最大摄氧量能更好地预测比赛成绩，所以它的提升可以极大地影响马拉松的成绩。

通过速度训练,另外一个好处就是生成更多肌红蛋白。研究告诉我们,增加肌红蛋白最好的方法就是进行高强度的跑步(最大摄氧量的80%以上)。与血红蛋白在血液里的携氧量类似,肌红蛋白帮助在肌肉中运送氧气,然后运送到线粒体。有了肌红蛋白的帮助,人体才能应对毛细血管和线粒体氧气需求的增强。在更高强度进行的锻炼,也可以提高了有氧阈值。基本上,速度间歇训练通过相同的练习就能一箭双雕,既提高了有氧阈值,也提高了最大摄氧量。更重要的是,因为速度练习包括了接近100%(但是不超过)最大摄氧量的高强度跑步,糖原储备可提供最高达90%的能量,因此能很快地消耗光糖原储备。这反过来强迫肌肉做出适应,储存更多的糖原来供给之后的训练使用。

速度训练的指导原则

你会发现,我们训练计划中关于速度的部分出现在训练环节的一开始,后面的部分则更趋向针对马拉松的训练。当你考虑到我们讨论过的关于从下向上打基础的观点时,这看起来也许与直觉不符。但是,如果速度训练是在以正确的速度执行的话,在你训练周期的开始阶段纳入速度训练也就有意义了。在其他练习中,正确的配速是根本。你也许会发现,在计划的中途,速度练习会逐渐转换成力量练习。有的跑步者经常担心他们会失去那么努力才得到的速度,但是马拉松跑步者并不需要担心。回想一下,我们解释的在80%最大摄氧量以上配速训练时那些典型的进展。也就是说,从理论上来看,速度练习其实是95%~98%的短距离间歇跑。力量训练接近80%,但是持续的时间更长。我们在后面的章节将会讨论力量练习,但是提醒一下这一点非常重要:速度练习产生收益,而力量练习则维持收益。

当许多教练都在讨论速度训练时,他们指的是最大摄氧量100%之下的练习。实际上,在最大摄氧量100%时的配速只能维持3~8分钟。如果你是个新人，3分钟就差不多了；如果你是名精英运动员，顶多也就接近8分钟而已。在最大摄氧量100%的情况下进行速度练习，将会导致结构肌肉开始分解，从而强迫你的身体更大地依赖厌氧资源。这会让厌氧系统承受过多的压力，不让你的身体获得更积极的有氧适应，而这正是你跑好马拉松所需要的。我们的计划有基于5千米、10千米目标时间的速度训练，这两项比赛的时间可都比3～8分钟长多了。与其在100%的最大摄氧量下，还不如在80%~95%的最大摄氧量下跑这个距离。与其他训练方法不同，汉森马拉松训练法指导你在比100%最大摄氧量略低一些的强度下完成速度练习，其目的是激发最大的生理适应。如果跑得更快的话，获益就会消失，还有可能导致伤病。

此外对配速而言，速度间歇跑的时间很重要。最好是在2~8分钟。如果太短，最佳强度下的时间就非常少，珍贵的练习时间就这样被白白浪费掉了；如果太长，乳酸就产生堆积，你想要完成预定配速下的练习就会非常劳累。因此，速度间歇跑的时间应该基于你的能力和体感水平做出调整。比如，400米一组的重复练习和2分钟左右的间歇对初级跑步者来说就非常合适。与之相反，相同的练习高阶跑步者可能要少花25%的时间完成每组400米的重复训练，因而获益也会更少。

恢复是速度训练环节另外一个重要的部分，你要好好休息才能完成另一组练习。恢复的一般性指导原则指出，恢复时间应该是重复训练的50%~100%。例如，如果重复时间是2分钟的话，恢复就应该是1~2分钟。但是，我们倾向于在速度训练的初期给初跑步者更长的恢复时间，好让他们能完成整个练习。随着训练的继续，恢复时间就可以缩短了，因为运动员开始能胜任更多训练了。当你做间歇训练的时候，可以调整训练的总量，也可以调整恢复的总时间。训练的总量和训练的总里程是成正比的，所以我们一般是不想做出这种调整的。但是当你变得更强壮时，间歇跑的配速就开始让你感到轻松一点了。这时候，缩短恢复时间就可以让你获得与之前训练中相同的刺激。意识到这点以后，不管怎样，你都能更努力地跑步了。这一部分关注的是在目标强度范围内的累计时间，而不是让你过度疲劳以致于不能进行高质量的训练。如果你在间歇训练中太过努力，就不能在恢复时间内慢跑，下一组练习也就不太可能跑出你想要的配速。最后，这些高强度下的速度练习加起来应该不超过5千米，此外还要有热身、冷身和恢复时间。如果你不能通过间歇达到5千米的总量，就说明你跑得太努力了，超出了你的能力范围，因此就会错失发展我们之前讨论过的特定适应的机会。

汉森马拉松训练法中所利用的速度练习全部都列在这里了。一般都是以相对较短时间的重复开始（10~12组400米），最多到相对较长的重复为止（4组1 200米和3组1 600米）。一旦达到了阶梯的顶端（从最短间隔到最长间隔的训练），你就会觉得完成训练更轻松，身体也发展得更好。大多数运动生理学家都认为，最佳的间歇时间是2~6分钟。比2分钟短的间歇，最大摄氧量的压力就不够大；比6分钟长的间歇，带来的压力则更大，还会带来过度的疲劳。

对于速度训练的新人来说，我们强烈建议参加一个当地的跑步组织。教练和更有经验的跑步者会给你做出指导和示范，免得你摸着石头过河走弯路。此外，当地的田径场会成为你这阶段最好的帮手，因为跑道有距离标识、可以一直跑下去，而且是平的。如果你会被数字驱动的话，你甚至可以每隔100米查看一下自己的配速，这会给你以持续不断的反馈。当然，这意味着你必须有一只手表。一开始你的配速需要一些测试，也许还会犯一些错，但是手表和有距离标识的跑道将会帮助你的练习一直保持在正确的速度之上，直到配速成为你第二天性的本能反应。

这里有一张表，告诉你速度练习是如何建立起来的。要想确保每个速度训练都有正确的配速，可以查看下面的配速表。找到你5千米、10千米比赛的目标配速，然后跑间歇的时候尽量接近那个配速。记住，每个环节都应该包含1.6~5千米的热身和冷身。

速度进阶

训练	练习间歇
1	400米
2	600米
3	800米
4	1 000米
5	1 200米
6	阶梯
7	1 600米
8	800米
9	1 600米

注：新手的训练只有5周的速度进阶练习。

速度练习

400米重复跑

12组400米，间歇时间50%~100%的慢跑恢复

环节包括热身和冷身（各1.6~5千米）

400米重复跑配速表

5千米目标	10千米目标	400米配速
15:30	32:30	1:15
16:00	33:35	1:18
16:30	34:40	1:20
17:00	35:45	1:23
17:30	36:50	1:25
18:00	37:55	1:28
18:30	39:00	1:30
19:00	40:05	1:33
19:30	41:10	1:35
20:00	42:15	1:38
20:30	43:20	1:40
21:00	44:25	1:43
21:30	45:30	1:45
22:00	46:35	1:48
22:30	47:40	1:50
23:00	48:45	1:53
23:30	49:50	1:55
24:00	50:55	1:58
24:30	52:00	2:01
25:00	53:05	2:03
25:30	54:10	2:06
26:00	55:15	2:08
27:00	57:25	2:13
28:00	59:45	2:18
29:00	62:05	2:23
30:00	64:25	2:28

速度练习

600米重复跑
8组600米，间歇
时间50%~100%
的慢跑恢复

**环节包括热身和冷身（各
1.6~5千米）**

5千米目标	10千米目标	600米配速
15:30	32:30	1:52
16:00	33:35	1:55
16:30	34:40	1:59
17:00	35:45	2:03
17:30	36:50	2:06
18:00	37:55	2:10
18:30	39:00	2:14
19:00	40:05	2:18
19:30	41:10	2:21
20:00	42:15	2:25
20:30	43:20	2:29
21:00	44:25	2:33
21:30	45:30	2:36
22:00	46:35	2:40
22:30	47:40	2:44
23:00	48:45	2:48
23:30	49:50	2:51
24:00	50:55	2:55
24:30	52:00	2:59
25:00	53:05	3:03
25:30	54:10	3:06
26:00	55:15	3:10
27:00	57:25	3:17
28:00	59:45	3:23
29:00	62:05	3:30
30:00	64:25	3:36

速度进阶

速度练习

800米重复跑

6组800米，间歇时间50%~100%的慢跑恢复

环节包括热身和冷身（各1.6~5千米）

800米重复跑配速表

5千米目标	10千米目标	800米配速
15:30	32:30	2:30
16:00	33:35	2:35
16:30	34:40	2:40
17:00	35:45	2:45
17:30	36:50	2:50
18:00	37:55	2:55
18:30	39:00	3:00
19:00	40:05	3:05
19:30	41:10	3:10
20:00	42:15	3:15
20:30	43:20	3:20
21:00	44:25	3:25
21:30	45:30	3:30
22:00	46:35	3:35
22:30	47:40	3:40
23:00	48:45	3:45
23:30	49:50	3:50
24:00	50:55	3:55
24:30	52:00	4:00
25:00	53:05	4:05
25:30	54:10	4:10
26:00	55:15	4:15
27:00	57:25	425
28:00	59:45	4:35
29:00	62:05	4:45
30:00	64:25	4:55

速度练习

1000米重复跑

5组1000米，间歇时间50%~100%的慢跑恢复

环节包括热身和冷身（各1.6~5千米）

1000米重复跑配速表

5千米目标	10千米目标	1000米配速
15:30	32:30	3:06
16:00	33:35	3:12
16:30	34:40	3:18
17:00	35:45	3:24
17:30	36:50	3:30
18:00	37:55	3:36
18:30	39:00	3:42
19:00	40:05	3:48
19:30	41:10	3:54
20:00	42:15	4:00
20:30	43:20	4:06
21:00	44:25	4:12
21:30	45:30	4:18
22:00	46:35	4:24
22:30	47:40	4:30
23:00	48:45	4:36
23:30	49:50	4:42
24:00	50:55	4:48
24:30	52:00	4:54
25:00	53:05	5:00
25:30	54:10	5:06
26:00	55:15	5:12
27:00	57:25	5:24
28:00	59:45	5:36
29:00	62:05	5:48
30:00	64:25	6:00

速度练习

1200米重复跑

4组1200米，间歇时间50%~100%的慢跑恢复

环节包括热身和冷身（各1.6~5千米）

1200米重复跑配速表

5千米目标	10千米目标	1200米配速
15:30	32:30	3:42
16:00	33:35	3:50
16:30	34:40	3:57
17:00	35:45	4:05
17:30	36:50	4:12
18:00	37:55	4:20
18:30	39:00	4:27
19:00	40:05	4:35
19:30	41:10	4:42
20:00	42:15	4:50
20:30	43:20	4:57
21:00	44:25	5:05
21:30	45:30	5:12
22:00	46:35	5:20
22:30	47:40	5:27
23:00	48:45	5:35
23:30	49:50	5:42
24:00	50:55	5:50
24:30	52:00	5:57
25:00	53:05	6:05
25:30	54:10	6:12
26:00	55:15	6:20
27:00	57:25	6:36
28:00	59:45	6:51
29:00	62:05	7:07
30:00	64:25	7:23

速度练习

阶梯训练

400米—800米—1200米—
1600米—1200米—800
米—400米，间歇时间
50%~100%的慢跑恢复

**环节包括热身和冷身（各1.6
~5千米）**

阶梯训练配速表

5千米目标	10千米目标	400米配速	800米配速	1 200米配速	1 600米配速
15:30	32:30	1:15	2:30	3:42	5:00
16:00	33:35	1:18	2:35	3:50	5:10
16:30	34:40	1:20	2:40	3:57	5:20
17:00	35:45	1:23	2:45	4:05	5:30
17:30	36:50	1:25	2:50	4:12	5:40
18:00	37:55	1:28	2:54	4:20	5:50
18:30	39:00	1:30	2:59	4:27	6:00
19:00	40:05	1:33	3:04	4:35	6:10
19:30	41:10	1:35	3:09	4:42	6:20
20:00	42:15	1:38	3:14	4:50	6:30
20:30	43:20	1:40	3:19	4:57	6:40
21:00	44:25	1:43	3:24	5:05	6:50
21:30	45:30	1:45	3:29	5:12	7:00
22:00	46:35	1:48	3:34	5:20	7:10
22:30	47:40	1:50	3:39	5:27	7:20
23:00	48:45	1:53	3:44	5:35	7:30
23:30	49:50	1:55	3:49	5:42	7:40
24:00	50:55	1:58	3:54	5:50	7:50
24:30	52:00	2:01	3:59	5:57	8:00
25:00	53:05	2:03	4:04	6:05	8:10
25:30	54:10	2:06	4:09	6:12	8:20
26:00	55:15	2:08	4:14	6:20	8:30
27:00	57:25	2:13	4:25	6:36	8:50
28:00	59:45	2:18	4:35	6:51	9:10
29:00	62:05	2:23	4:45	7:07	9:30
30:00	64:25	2:28	4:55	7:23	9:50

速度练习

1600米重复跑

3组1600米，间歇
时间50%~100%的
慢跑恢复

环节包括热身和冷身（各
1.6~5千米）

1600米重复跑配速表

5千米目标	10千米目标	1600米配速
15:30	32:30	5:00
16:00	33:35	5:10
16:30	34:40	5:20
17:00	35:45	5:30
17:30	36:50	5:40
18:00	37:55	5:50
18:30	39:00	6:00
19:00	40:05	6:10
19:30	41:10	6:20
20:00	42:15	6:30
20:30	43:20	6:40
21:00	44:25	6:50
21:30	45:30	7:00
22:00	46:35	7:10
22:30	47:40	7:20
23:00	48:45	7:30
23:30	49:50	7:40
24:00	50:55	7:50
24:30	52:00	8:00
25:00	53:05	8:10
25:30	54:10	8:20
26:00	55:15	8:30
27:00	57:25	8:50
28:00	59:45	9:10
29:00	62:05	9:30
30:00	64:25	9:50

力量练习

在花了几周的时间进行周期性的速度训练后，肌肉纤维和生理系统已适应得非常好，并准备好了针对马拉松的适应练习。当力量练习增加到日程表中以后，训练的目标就从提高最大摄氧量（厌氧阈值）转移到维持最大摄氧量，以及让身体准备好应对马拉松跑步所带来的疲劳方面。你会发现当力量训练开始的时候，节奏跑和长距离跑的比重都会增加。在训练计划的这个时间点上，跑步者做的所有事情就是关注马拉松的准备工作。

当我们谈论力量练习的时候，并不是指在室内健身房的那些高强度的重量训练环节，即那些举铁练肌肉的事。力量训练还是跑步，但强调的是略低于有氧系统压力目标的、高级别的量。速度训练设计得都非常短，足以避免乳酸堆积。力量练习意味着强迫跑步者适应跑更长的距离，同时体内有适量的乳酸堆积。

力量练习的生理学定义

随着时间的流逝，力量环节提高了厌氧能力。这意味着你可以忍耐更多的乳酸在体内积累，在更高强度下产生乳酸也更少。在训练的开始阶段，当你的身体随着乳酸的生成而需要降速的时候，力量练习将会帮助你训练肌肉在乳酸积累不适的条件下依然坚持工作。另外，这些练习还能让你的运动肌肉获得更好地代谢乳酸的能力，同时也能对提高跑步经济性有所贡献，让你在做相同功的前提下消耗的氧气更少。力量练习还可以帮助发展所谓的"最大能力的部分利用"。在实际条件下，这种发展包括一个人可以在更长时间下跑得更快，这将导致厌氧阈值的提高。对马拉松而言，这意味着糖原将会得到保留。最优的马拉松配速可以保持更长久，疲劳的到来也会延后。

力量练习的好处包括：

- 提高乳酸代谢能力
- 提高乳酸耐受能力
- 提高更快配速下的耐力
- 提高氧气携带能力（通过更强的心脏）
- 提高跑步经济性

这些适应全都开始于心脏心室体积的增加。在力量练习过程中，心脏在轻

松跑的环节需要更大的力量。这与速度环节的强度不完全一样，但是其工作强度也着实高、相当长。最终的结果就是更强壮的心脏肌肉和更大的心室区域，也就意味着心脏单次跳动的泵血量增加了（泵血量指的是每搏从左心室泵出的血的总量）。其结果就是更多的血被运送到运动肌肉中去了，因此也会运送更多的氧气。此外，力量练习帮助中间状态的肌肉纤维也参与运动，增强其氧化能力。在肌肉内部，在更快的速度下会产生更少的乳酸，而所产生的乳酸也可以循环利用变为可以使用的养料。出于实践的原因，力量练习非常重要。因为在较快配速下跑步的时候，特别是接近无氧阈值的时候，你就会开始感觉更轻松，同时跑步经济性得到提高、耐力得到增强。你看，力量练习的好处在实际中是无穷无尽的。

力量练习的指导原则

对大多数跑步者来说，力量重复训练的强度会降到最大摄氧量的60%~80%，即比速度训练慢一些。速度训练相对来说会更短一些（比如3组1600米），因此会有一定的恢复。但是力量训练的总量是速度训练的翻倍（如10千米较高强度的跑步），恢复时间也相对更短。另外，力量训练的配速会比马拉松的目标配速慢每千米6秒。如果你马拉松比赛的目标配速是每千米4分50秒，那么你力量训练的配速就应该是每千米4分56秒。对于速度更快的跑步者而言，这个数字接近其半程马拉松的配速；但是对于初跑步者而言，这个数字应该介于全程马拉松目标配速和半程马拉松能力之间。具体的配速，你可以在表3.5中按图索骥。速度快的跑步者应该早就接近这个减6秒的数字了，而初跑步者会比这个速度慢一点点。在节奏跑训练中练习马拉松配速时，你在力量练习中会跑得更快一些，让身体适应乳酸堆积带来的不适。马拉松配速介于有氧阈值和厌氧阈值之间，力量训练的配速则是增加厌氧阈值压力的，比马拉松配速快6秒（或是半程马拉松的配速）。因此，整体跑快的时间将会极大地增加乳酸。从强度观点来看，力量训练也许并不会让你感到很吃力。但其总量与较短的恢复期相比，足以刺激乳酸堆积让身体做出积极的适应。你可以查看表3.4了解力量训练环节的快速指导。

正如之前提及的，恢复是这些力量环节成功的关键。为了维持一定的乳酸水平，恢复也是重复训练的一部分。比如，6组1 600米的力量练习，需要每次间歇时进行400米的慢跑恢复。如果重复练习的配速是每千米4分55秒，那么400米慢跑的时间就会是2分30秒到3分，总量是间歇跑时间的50%以下。因为这些和速度间歇相比是较低强度的间歇，所以你很容易就跑得比预计配速快。但是要记住，你所要追寻的适应就发生在那个速度下，而不是更快的速度下。

表3.4　　　　　　　　　　　　力量训练环节的快速指导

力量练习的配速	比马拉松目标配速慢每千米6秒
力量练习的恢复	比重复时间短
重复总量	每次重复1.6~5千米
力量练习总量	力量配速下，10千米

　　这些练习都需要地面的支持。所以当你要进行力量训练时，最好找一条有距离标识的自行车道或者是环路。用跑道练习就会比较枯燥，伤病也会因为靠跑道内侧的那条腿增加的扭矩而频发。记住，永远都要在训练前后加2.4~5千米的热身和冷身。

　　从1 600米开始，每周都增加到更长的距离。当所有的练习都完成了，再逐渐回到最初的距离。原则上，你从1 600米的间歇开始练起，逐渐增加到5 000的间歇，然后逐渐降回到1 600米的间歇。要想确定每个力量练习的正确配速，请使用下面的配速表。找到你的马拉松配速或半程马拉松配速，然后尽量按照指定的配速跑间歇。

力量进阶

训练	练习间歇
1	1 600米
2	2 500米
3	3 200米
4	5 000米
5	3 200米
6	2 500米
7	1 600米

力量练习

1600米重复跑

6组1 600米，
400米慢跑恢复

环节包括热身和冷身（各1.6~5千米）

1600米重复跑配速表

马拉松目标	半程马拉松目标	1600米配速
2:28:00	1:14:00	5:30
2:33:00	1:16:30	5:40
2:38:00	1:19:00	5:50
2:42:00	1:21:00	6:00
2:46:00	1:23:00	6:10
2:50:00	1:25:00	6:20
2:55:00	1:27:30	6:30
2:59:00	1:29:30	6:40
3:03:00	1:31:30	6:50
3:08:00	1:34:00	7:00
3:12:00	1:36:00	7:10
3:17:00	1:38:30	7:20
3:21:00	1:40:30	7:30
3:25:00	1:42:30	7:40
3:30:00	1:45:00	7:50
3:34:00	1:47:30	8:00
3:38:00	1:49:00	8:10
3:43:00	1:51:30	8:20
3:47:00	1:53:30	8:30
3:51:00	1:55:30	8:40
3:56:00	1:58:00	8:50
4:00:00	2:00:00	9:00
4:04:00	2:02:00	9:10
4:09:00	2:04:30	9:20
4:13:00	2:06:30	9:30
4:18:00	2:09:00	9:40
4:22:00	2:11:00	9:50
4:26:00	2:13:00	10:00
4:31:00	2:15:30	10:10
4:35:00	2:17:30	10:20
4:39:00	2:19:30	10:30
4:44:00	2:16:30	10:40
4:48:00	2:24:00	10:50
4:53:00	2:26:30	11:00
4:57:00	2:28:30	11:10
5:01:00	2:30:30	11:20

力量练习

2 500米重复跑

4组2 500米，
800米慢跑恢复

环节包括热身和冷身（各1.6~5
千米）

马拉松目标	半程马拉松目标	2 500米配速
2:28:00	1:14:00	8:15
2:33:00	1:16:30	8:30
2:38:00	1:19:00	8:45
2:42:00	1:21:00	9:00
2:46:00	1:23:00	9:15
2:50:00	1:25:00	9:30
2:55:00	1:27:30	9:45
2:59:00	1:29:30	10:00
3:03:00	1:31:30	10:15
3:08:00	1:34:00	10:30
3:12:00	1:36:00	10:45
3:17:00	1:38:30	11:00
3:21:00	1:40:30	11:15
3:25:00	1:42:30	11:30
3:30:00	1:45:00	11:45
3:34:00	1:47:30	12:00
3:38:00	1:49:30	12:15
3:43:00	1:51:30	12:30
3:47:00	1:53:30	12:45
3:51:00	1:55:30	13:00
3:56:00	1:58:00	13:15
4:00:00	2:00:00	13:30
4:04:00	2:02:00	13:45
4:09:00	2:04:30	14:00
4:13:00	2:06:30	14:15
4:18:00	2:09:00	14:30
4:22:00	2:11:00	14:45
4:26:00	2:13:00	15:00
4:31:00	2:15:30	15:15
4:35:00	2:17:30	15:30
4:39:00	2:19:30	15:45
4:44:00	2:16:30	16:00
4:48:00	2:24:00	16:15
4:53:00	2:26:30	16:30
4:57:00	2:28:30	16:45
5:01:00	2:30:30	17:00

力量进阶

力量练习

3 200米重复跑

3组3 200米，
800米慢跑恢复

环节包括热身和冷身（各1.6～5千米）

3 200米重复跑配速表		
马拉松目标	半程马拉松目标	3 200米配速
2:28:00	1:14:00	11:00
2:33:00	1:16:30	11:20
2:38:00	1:19:00	11:40
2:42:00	1:21:00	12:00
2:46:00	1:23:00	12:20
2:50:00	1:25:00	12:40
2:55:00	1:27:30	13:00
2:59:00	1:29:30	13:20
3:03:00	1:31:30	13:40
3:08:00	1:34:00	14:00
3:12:00	1:36:00	14:20
3:17:00	1:38:30	14:40
3:21:00	1:40:30	15:00
3:25:00	1:42:30	15:20
3:30:00	1:45:00	15:40
3:34:00	1:47:30	16:00
3:38:00	1:49:00	16:20
3:43:00	1:51:30	16:40
3:47:00	1:53:30	17:00
3:51:00	1:55:30	17:20
3:56:00	1:58:00	17:40
4:00:00	2:00:00	18:00
4:04:00	2:02:00	18:20
4:09:00	2:04:30	18:40
4:13:00	2:06:30	19:00
4:18:00	2:09:00	19:20
4:22:00	2:11:00	19:40
4:26:00	2:13:00	20:00
4:31:00	2:15:30	20:20
4:35:00	2:17:30	20:40
4:39:00	2:19:30	21:00
4:44:00	2:16:30	21:20
4:48:00	2:24:00	21:40
4:53:00	2:26:30	22:00
4:57:00	2:28:30	22:20
5:01:00	2:30:30	22:40

力量进阶

力量练习

5 000米重复跑

2组5 000米，
800米慢跑恢复

环节包括热身和冷身（各1.6~5千米）

5 000米重复跑配速表		
马拉松目标	半程马拉松目标	5 000米 配速
2:28:00	1:14:00	16:30
2:33:00	1:16:30	17:00
2:38:00	1:19:00	17:30
2:42:00	1:21:00	18:00
2:46:00	1:23:00	18:30
2:50:00	1:25:00	19:00
2:55:00	1:27:30	19:30
2:59:00	1:29:30	20:00
3:03:00	1:31:30	20:30
3:08:00	1:34:00	21:00
3:12:00	1:36:00	21:30
3:17:00	1:38:30	22:00
3:21:00	1:40:30	22:30
3:25:00	1:42:30	23:00
3:30:00	1:45:00	23:30
3:34:00	1:47:30	24:00
3:38:00	1:49:00	24:30
3:43:00	1:51:30	25:00
3:47:00	1:53:30	25:30
3:51:00	1:55:30	26:00
3:56:00	1:58:00	26:30
4:00:00	2:00:00	27:00
4:04:00	2:02:00	27:30
4:09:00	2:04:30	28:00
4:13:00	2:06:30	28:30
4:18:00	2:09:00	29:00
4:22:00	2:11:00	29:30
4:26:00	2:13:00	30:00
4:31:00	2:15:30	30:30
4:35:00	2:17:30	31:00
4:39:00	2:19:30	31:30
4:44:00	2:16:30	32:00
4:48:00	2:24:00	32:30
4:53:00	2:26:30	33:00
4:57:00	2:28:30	33:30
5:01:00	2:30:30	34:00

节奏跑练习

长期以来，节奏跑都是所有优秀耐力训练计划的主题，所以绝大多数有经验的跑步者都已经尝试过节奏跑了。节奏跑有许多种定义，但是在汉森马拉松训练法中，节奏跑就是马拉松配速跑。贯穿于训练计划始终，你的节奏跑将持续好几个月，且要求你在各种挑战和环境下都能维持住比赛配速。

对于跑步者来说，内在配速是最难掌握的训练组成部分之一。如果你在起点线感觉良好，出发时比你计划的配速快每千米18秒，那么不到半路你大概就得扔毛巾认输了。如果没有积极的分段时间，就不会有意义重大的马拉松记录（后半程比前半程慢）。如果你想取得优秀的马拉松成绩，你最好在整个比赛过程中都维持稳定的配速，而不是采用忽快忽慢的策略。节奏跑将教会你一个重要的技巧：控制。就算跑的时候感觉配速很简单，这些跑步也能训练你如何稳住、维持住配速。此外，节奏跑还为你提供了很好的路跑试验环境，可以实测不同的饮料、能量胶和营养品补给。因为你是跑在马拉松配速下，所以你可以很清楚地知道自己的身体能处理什么状况、不能处理什么状况。当然，你的装备也一样。利用节奏跑来做预演，试遍各种鞋和装备，确定哪一种搭配会让你最舒服。与训练无关，这些事情可以让你实践配速，也可以让你打破配速。另外，节奏跑还能为你比赛日的计划提供完美的调整机会。

节奏跑练习的生理学定义

用相同的办法，轻松跑和长距离跑也能提高耐力，所以节奏跑也可以。尽管它们比轻松跑要快一些，但它们都是在厌氧阈值之下，因此提供了许多相同的适应。同样，因为有氧系统工作的方式类似，更长距离的节奏跑模拟了长距离跑的许多好处。特别是从生理学角度来看，目标配速下的节奏跑对跑步经济性的影响非常积极。最明显的好处之一，就是它增强了长距离比赛过程中的耐力。确实，与长距离跑过程中发生的一样，在节奏跑的过程中跑步者燃脂的能力也显著增强了。跑步的运动强度使有氧系统将不得不保持高百分比的脂肪氧化比率，同时线粒体和支撑性纤维勉强能跟得上。

节奏跑的好处包括：

- 帮助你将马拉松目标配速与自身相结合
- 教会你如何控制和维持配速
- 有机会在没有营养品、补水和装备的情况下进行试验
- 提高目标配速下的跑步经济性
- 提高耐力

随着时间的推移，节奏跑就会告诉你，你是否选择了正确的马拉松目标。我们一直都认为，这种练习告诉你的会比其他练习要多得多。因为节奏跑并不像间歇跑那样需要中间休息，所以如果你在长距离节奏跑的过程中很难匹配上正确的配速，那么就有几个问题要问自己了，比如"你能在全程马拉松中将这个配速贯彻始终吗？"这些练习最大的好处，就是通过重复给你机会来稳稳地确定你的比赛配速应该是多快。只要花够了时间，你的身体就能有办法记住那个配速是什么感觉，最终就会形成第二天性的本能。当跑步者不能告诉你他们是不是接近那个配速的时候，趋势就是降速（通常是因为太快了）。了解一下你的配速，了解跑这个配速时身体是什么感觉，你就能知道好的比赛配速和坏的比赛配速之间的不同了。

节奏跑练习的指导原则

在汉森马拉松训练法中，节奏跑完全是按照马拉松目标配速进行的。对很多其他教练来说，会将节奏跑安排得相对较短，配速也会比较接近力量训练时的配速。但是对于我们来说，节奏跑和马拉松比赛的配速是可以互换的。你在节奏跑时的配速就应该维持在比赛配速，就算刚开始跑的时候觉得轻松也应该这样。在你完全能掌控配速之前进行一定数量的节奏跑练习，可以帮助你根据自己的感觉做出调整。训练过程中真正变化的，就是这些练习的距离。节奏跑根据距离而演进，每隔几周就做出调整，一开始针对初跑步者从8千米开始，高级跑步者可以达到10千米，训练最后几周达到16千米。身为高级跑步者，要想开始达到最大跑量的话，在有热身和冷身的前提下，节奏跑的总量应达到19~23千米或总长90分钟左右。

初级跑步者的节奏跑进阶

周	距离
5周	轻松跑量
3周	8千米
3周	12.8千米
3周	14.4千米
3周	16千米

高级跑步者的节奏跑进阶

周	距离
2周	轻松跑量
3周	9.6千米
3周	11.2千米
3周	12.8千米
3周	14.4千米
3周	16千米

通过节奏跑之后安排的长距离跑，那个26千米看起来比一开始要难一些。还记得累积性疲劳的原则吗？这就是最好的例证，说明了汉森马拉松训练法是如何使用这个原则的。这个相当轻松的长距离跑模拟的就是马拉松的后26千米。与其让你感觉活蹦乱跳地跑长距离，倒不如让你模拟马拉松的后26千米。除了节奏跑以外，还真没有别的训练方式更能让你的双腿感到一点点疲劳了。

节奏跑练习

8～16千米

环节包括热身和冷身（各1.6~5千米）

节奏跑配速表

全程马拉松目标	半程马拉松目标	1 600米配速
5:00:00	2:24:00	11:27
4:45:00	2:17:00	10:52
4:30:00	2:10:00	10:18
4:15:00	2:02:00	9:44
4:00:00	1:55:00	9:09
3:55:00	1:53:00	8:58
3:50:00	1:50:00	8:46
3:45:00	1:48:00	8:35
3:40:00	1:45:00	8:23
3:35:00	1:43:00	8:12
3:30:00	1:41:00	8:01
3:25:00	1:38:00	7:49
3:20:00	1:36:00	7:38
3:15:00	1:33:30	7:26
3:10:00	1:31:00	7:15
3:05:00	1:29:00	7:03
3:00:00	1:26:00	6:52
2:55:00	1:24:00	6:40
2:50:00	1:21:30	6:29
2:45:00	1:19:00	6:18
2:40:00	1:17:00	6:06
2:35:00	1:14:00	5:55
2:30:00	1:12:00	5:43
2:25:00	1:09:30	5:32
2:20:00	1:07:00	5:20
2:15:00	1:04:45	5:09
2:10:00	1:02:30	4:57

节奏跑练习

如何进行配速练习

为了帮助你更深层地理解跑步的时候应该用什么强度，以及包括训练计划在内的各种练习如何制订，我们特意绘制了图3.3。其中，斜线就代表了跑步者的最大摄氧量。左边的第一条线是轻松跑的日子，代表了有氧阈值下的所有事情。这是最大的区域，也是最慢的区域。第二条线是长距离跑，代表一个人跑长距离应该采用的最快配速，但是也应该代表初跑步者轻松跑时的最快配速。中间的线表示理想的节奏跑配速，因而就是马拉松的目标配速。这是在有氧阈值之上，但在无氧阈值之下。力量跑这条线代表了"乳酸"区域的最高端，因为力量跑应该在无氧阈值之下减弱。最后是速度跑这条线，它代表了速度训练应该减量，就在最大摄氧量之下。

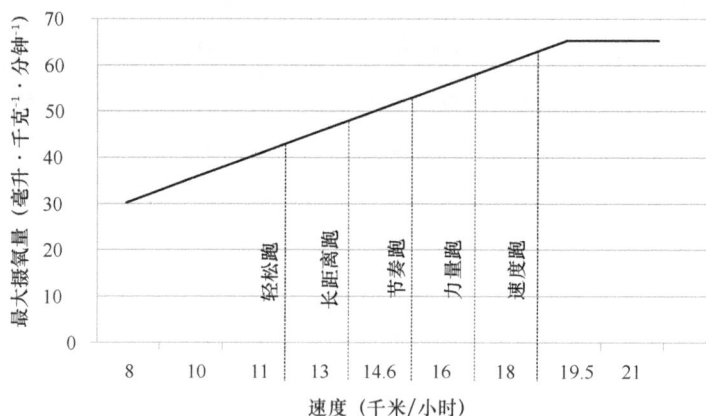

图3.3　配速和强度的关系

随着最大摄氧量和跑步速度的增加，阈值和区间就可以被指定。

1. 轻松跑配速区间
2. 舒适跑配速区间
3. 节奏跑/全程马拉松配速区间
4. 力量跑/半程马拉松配速区间
5. 速度配速区间

一旦头脑中有了这样连续的概念，你就会很清楚为什么比指导标准跑得快不利于进步了。当你跑得过快的时候，不仅仅会错失练习应该带给你的那些好处，而且还会增加疲劳。关键在于：配速的存在是有特定原因的。有些跑步者觉得配速会阻碍他们的进步，实际上合适的配速将会推动他们一直跑到最后。一定要与"贪多嚼不烂"的心态作斗争，不要轻易被诱惑。要牢记，每个特定的练习都有特定的目标。

赛前减量期

尽管我们的职责并不是告诉人们要少跑一点，但是当日程按正确时间按部就班地安排时，减少跑量和强度也是马拉松训练不可分割的一部分。当你达到了训练的最后一部分，你的目标就是从你所训练的科目中充分恢复，同时还要维持、提高过去这几个月里收获到的，并且要转移到比赛中去。在这个时间点减少训练就叫赛前减量，是马拉松策略成功的关键之一。

在赛前减量期，许多跑步者犯的错误就是他们把所有的训练内容都砍掉了，包括跑量、练习、强度和轻松跑。就像我们指导的不要太快加入这些组成部分一样，我们也建议不要突然拿掉它们。当跑步者太快地去除掉很多训练时，他们通常会感到懈怠，甚至比达到训练峰值的那些日子更累。而逐渐减少训练内容的话，你会感到神清气爽，对比赛跃跃欲试。

实质练习需要10天来展示生理上的提高。在一次刻苦的跑步之后，一般需要一周左右的时间才能得到一些好处。看一看汉森马拉松训练法里的训练计划，你会发现最后一次的实质练习就是在马拉松比赛前10天完成的。因为在那以后，实质练习除了让你比赛日更累以外，起不到任何作用。计划的最后7天，我们会减量55%左右。除此以外，你每周还是要跑那么多天，只是每天的跑量要减少。与此类似，想象一下你早上喝了几杯咖啡以后突然吃冷火鸡是什么感觉吧。你身体的反应，也许会是木得头疼。如果你只喝一杯咖啡，那种被掏空的感觉通常就会好一些。这是同样的道理——按预先设置好的程序，在减小压力的同时让身体依然感觉很好。每天少跑几千米，但还是跑同样的天数这样频率并没有减少，而你变动的是跑量和强度这两个要素。很多马拉松训练计划的问题就在于它们砍掉了太多内容，提前2~4周就要求

表3.5 　　　　　　　　　　　　各种训练强度的对应配速表*

全程马拉松目标	半程马拉松目标	恢复	有氧A/轻松	有氧B/轻松
5:00:00	2:24:00	14:22	13:32	12:41
4:45:00	2:17:00	13:43	12:55	12:05
4:30:00	2:10:00	13:02	12:16	11:28
4:15:00	2:02:00	12:22	11:38	10:52
4:00:00	1:55:00	11:42	11:00	10:15
3:55:00	1:53:00	11:28	10:40	10:00
3:50:00	1:50:00	11:15	10:34	9:51
3:45:00	1:48:00	11:01	10:21	9:39
3:40:00	1:45:00	10:48	10:08	9:27
3:35:00	1:43:00	10:34	9:55	9:14
3:30:00	1:41:00	10:19	9:41	9:02
3:25:00	1:38:00	10:06	9:28	8:49
3:20:00	1:36:00	9:53	9:16	8:38
3:15:00	1:33:30	9:38	9:02	8:25
3:10:00	1:31:00	9:25	8:49	8:13
3:05:00	1:29:00	9:11	8:36	8:01
3:00:00	1:26:00	8:57	8:23	7:48
2:55:00	1:24:00	8:43	8:10	7:36
2:50:00	1:21:30	8:28	7:56	7:23
2:45:00	1:19:00	8:15	7:43	7:11
2:40:00	1:17:00	8:00	7:30	6:58
2:35:00	1:14:00	7:46	7:17	6:46
2:30:00	1:12:00	7:32	7:03	6:34
2:25:00	1:09:30	7:18	6:50	6:21
2:20:00	1:07:00	7:03	6:36	6:08
2:15:00	1:04:45	6:49	6:23	5:56
2:10:00	1:02:30	6:35	6:09	5:43

*所有的配速均为每1600米用时。

适度有氧/长距离跑	马拉松配速/节奏跑	力量跑	10千米比赛	5千米比赛
12:16	11:27	11:17	10:30	10:04
11:41	10:52	10:42	9:58	9:34
11:05	10:18	10:08	9:27	9:04
10:29	9:44	9:34	8:55	8:33
9:53	9:09	8:59	8:24	8:03
9:38	8:58	8:48	8:13	7:53
9:29	8:46	8:36	8:03	7:43
9:18	8:35	8:25	7:52	7:33
9:06	8:23	8:13	7:42	7:23
8:53	8:12	8:02	7:31	7:13
8:42	8:01	7:51	7:21	7:03
8:29	7:49	7:39	7:10	6:53
8:18	7:38	7:28	7:00	6:43
8:05	7:26	7:16	6:49	6:33
7:54	7:15	7:05	6:39	6:23
7:42	7:03	6:53	6:28	6:12
7:29	6:52	6:42	6:18	6:02
7:17	6:40	6:30	6:07	5:52
7:05	6:29	6:19	5:57	5:42
6:53	6:18	6:08	5:46	5:32
6:41	6:06	5:56	5:36	5:22
6:29	5:55	5:45	5:25	5:12
6:17	5:43	5:33	5:15	5:02
6:05	5:32	5:22	5:04	4:52
5:52	5:20	5:10	4:54	4:42
5:40	5:09	4:59	4:43	4:32
5:28	4:57	4:47	4:33	4:22

减量，这让跑步者白白丧失了那些很难获得的身体上的收获。通过10天的赛前减量期，你降低了失去这些收获的风险，而且还能有充足的时间来休息和恢复。

从生理学的角度来看，赛前减量期符合累积性疲劳，因为直到你度过完比赛前这10天，训练计划才允许你完全恢复。训练计划过去的几个月，一些对身体和跑步有益的的荷尔蒙、酶和身体的功能被不完全恢复所抑制，疲劳的副产品不断地在累积。赛前减量期减少了强度和跑量，这些好的功能就活跃起来。与此同时，副产品还可以完全分解，使身体处于一种等待最佳表现的状态。我们总是警告跑步者不要低估了赛前减量期的功效。如果你担心自己的能力不够，无法在马拉松的全程都按照节奏跑的配速跑，那么请考虑一下这一点：赛前减量期会引发最高达3%的提高。这就是全程马拉松4小时和3小时53分的区别。我不知道你会怎么想，但要是我的个人最好成绩能提高7分钟，我肯定挺高兴的。

训练强度表

表3.5展示了基于不同的马拉松完赛时间，每千米的配速应该是多少，可以帮助你确定练习的时候要跑多快。对轻松跑来说，看轻松有氧A和轻松有氧B栏。而更快的长距离跑，在适度有氧栏。马拉松配速就是你节奏跑应该跑的配速。力量一栏是指的力量练习，10千米和5千米栏是指的速度练习。务必谨记，实际的5千米和10千米完赛时间远比这个表中的数字要精确得多。如果你比赛过那些距离，就可以用实际的完赛时间来指导速度练习。我们这里的目标只是为你的练习做一些指导，让你持续关注贯穿训练始终的正确生理适应。

第四章

汉森训练计划

尽管过去几年都有过一些微调和修正，本书的训练计划与凯文和凯斯20世纪90年代初创的计划还是非常接近的。当兄弟俩决心创建这套训练计划（现在命名为"汉森马拉松训练法"）的时候，心里想的就是普通的跑步者，希望能给他们一套已有训练计划之外的选择。从那时起，成千上万名跑步者开始用我们的计划，并取得了伟大的成功。这证明了不但凯文和凯斯的执教是有成效的，这套训练计划本身也是卓有成效的。

本章分初级跑步者训练计划和高级跑步者训练计划两部分。你可以通读一遍这两部分，再决定哪个更适合你的经历和能力水平。要想做出决定，积累的跑量、训练历史、野心和比赛经历都是重要的因素。不管你选了哪套计划，只要你忠实地遵循了，你就能达到自己的马拉松目标，就像许多其他人用汉森马拉松训练法做到的一样。有一条严正的警告：如果你从来都没有参加过跑步比赛，也没有怎么跑过步，或者甚至没有连续训练过（比如至少跑步3周、每周跑至少16~24千米），那么在跑马拉松之前首先要评估一下自己是不是做好准备了。跳过5千米到半程马拉松这样的短程比赛，一步到位直接跑全程马拉松同样也不是我们建议做的事。我们建议真正的初跑步者首先应该专心为短程比赛做一些准备，即在跳级到全程马拉松训练计划前应该积累足够的跑量。

初级跑步者训练计划

初级跑步者训练计划让跑步者从每周24千米开始，逐渐增加到峰值的每周80千米。既然这套训练计划被贴上了"初级"的标签，而且很多马拉松新人用得都很好，我们同样建议之前跑过全程马拉松、想要维持最小训练量的老手也可以采用这套训练计划。如果你不能确定高级跑步者训练计划适合你，或者你之前从来没有跑过这么大的跑量，初级跑步者训练计划也许是你更好的选择。这样的状况一点也不罕见，有些跑步者之前跑过全程马拉松，那时他们训练计划的目标仅仅是完赛，他们的训练量则是能少跑就少跑。对于这种情况，初级跑步者训练计划（见表4.1）相较于他们之前的训练也许要高级许多，可以帮助他们从训练中获得下一个进步。

初级跑步者训练计划最初的5周，只是在积累每周的跑量。所有的训练都是用双脚完成的，就是看累计里程。最好、最安全存储跑量的方法就是减小强度（非实质练习），把跑量适量地均分到很多天完成。这5周的时间里，身体就适应了常规训练的压力，从而为下一阶段做好准备。对选择了初级跑步者训练计划的跑友来说，如果你已经完成了每周的跑量，已经接近了训练的第三或第四周，那么按照训练计划一步步来就对了。

在5周的"基础"阶段之后，我们就要开始升温阶段了，或者叫强度期。你会发现加入了两种新训练："速度"和"节奏"。速度练习是跑在5千米或10千米的配速下（查看第三章的具体练习内容），这些练习包括12组400米重复跑、8组600米重复跑、6组800米重复跑等。我们在练习中安排了多种不同的形式，这样既能让训练保持新鲜有趣，还能让你获得所需要的生理适应。在这些较快的配速下，你只需要跑5千米就够了，一天的总跑量会比你在间歇跑里加上恢复和热身、冷身之后还要多。我们一般会指导马拉松爱好者使用初级跑步者训练计划来热身和冷身1.5~3千米（在练习中加3~6千米），这是贯穿训练始终的重要组成部分。因为热身和冷身可以帮助你提升成绩，在练习后还能加速恢复的过程。

有些人也许会问，为什么计划中面向速度训练的环节比其他阶段（如力量训练）出现得要早呢？除了速度训练导致的重要生理适应之外，速度训练还能给初跑步者绝好的机会来建立基准线。如果你对于马拉松比赛中应该跑什么样的配速一点概念也没有，完成几次速度练习以后就能很快找到答案。对于从来都没有跑过5千米（或者最近没有跑过5千米）的人来说，这个距离可比马拉松短多了。我们鼓励你先报个5千米或者10千米的比赛，最好是稍微调整一下你的训练计划，这样你就能在计划的第7周跑一个比赛，而那一周正好是你速度训练的第三周（请查看表5.1）。这会帮助你确定合适的训练目标，以迎接接下来几周即将到来的针对马拉松的训练内容。

另外，速度练习还能帮助力量训练进行预演。速度练习能让你在开始那些针对马拉松的重要练习前先有机会犯错误，继而领悟配速和恢复的真谛。最后，速度练习还能帮助跑步者塑造超强的意志力。对于那些每天系上鞋带出去慢跑的30~60分钟步的人来说，速度练习为他们带来了身心的新挑战。这些环节强迫你跑在更高的强度和更长的时间下，让你离开舒适区，进入一个全新的领域。记住，唯一能提升体能的办法就是，每次你稍稍踏出了自己的舒适区，你的身体就会对新的刺激做出反应。当你学会忍受更长时间的不适之后，其回报将是不可尽述的：你获得了速度、发现了潜力所在，在更高强度的训练中变得更加舒服。更重要的是，你的厌氧阈值和有氧能力提高了，不用在最大摄氧量极值之上训练，同时也就避免了伤病。

在我们把速度练习加到训练计划里的这段时间，节奏跑练习也扮演了重要角色。作为自我调节和配速的辅助手段，节奏跑是要以马拉松目标配速来完成的。在速度练习的前后，你应该以节奏跑的速度完成1.6~3.2千米的热身和冷身。因此最后，尽管节奏跑的距离也许能到8千米，但总跑量应该接近11.2~14.5千米。随着节奏跑距离的增加，这些练习的总量应该能到19.2~22.5千米，其中16千米应该是跑在目标马拉松配速下的。当你完成头几组节奏跑的时候，也许会惊异于其简单程度。实际上，每周训练量相对低的跑步者经常会跟我们讲，马拉松配速比他们轻松跑的速度还要慢。这是因为许多这种类型的跑步者只是跑几千米而已，因此才能以较快的配速完成所有的跑量。正因为他们每周只训练几天，总是感觉很新鲜，所以才能跑得快。如果你参加跑步训练营的话，就会发现每周的跑量一旦增加了，这些配速通常就显得慢了。

一旦你开始掌握速度和节奏跑，你就接近了更针对马拉松的训练。在训练计划的这个时间点上，速度练习让路给力量练习，节奏跑则变得更长。长距离跑在跑量中达到峰值，周跑量达到最高点。我们不会给这一阶段加上什么糖衣包装：这一阶段很难，你会感到疲倦。你会发现力量练习的结构和速度训练很类似，主要的不同则是跑量和配速。速度练习的总量在5千米左右，速度是5千米或10千米比赛的配速。力量练习则会达到10千米，完全是按照比全程马拉松目标配速慢每千米6秒跑的。比如，如果你的目标全程马拉松配速是每千米6分钟9秒，那么你力量练习的配速就应该是每千米6分15秒。特定的速度和力量练习，请查阅第三章的内容。顺便提一句，实质训练最后一部分意味着很难，会让你感到精疲力尽。但就像之前说过的，只要你始终坚持累积性疲劳的原则，你的身体就会习惯处理疲劳的双腿上的新挑战。当然，你希望避免陷入过

表4.1 　　　　　　　　汉森马拉松训练法：初级跑步者训练计划

周	周一	周二	周三	周四
1			休息	轻松跑5千米
2	休息	轻松跑3.2千米	休息	轻松跑5千米
3	休息	轻松跑6.5千米	休息	轻松跑6.5千米
4	休息	轻松跑8千米	休息	轻松跑5千米
5	休息	轻松跑8千米	休息	轻松跑6.5千米
6	轻松跑6.5千米	12组400米间歇跑，组间400米恢复	休息	8千米
7	轻松跑6.5千米	8组600米间歇跑，组间400米恢复	休息	8千米
8	轻松跑9.75千米	6组800米间歇跑，组间400米恢复	休息	8千米
9	轻松跑8千米	5组1 000米间歇跑，组间400米恢复	休息	13千米
10	轻松跑11.4千米	4组1 200米间歇跑，组间400米恢复	休息	13千米

（周二6-10周标注"速度跑"，周四6-10周标注"节奏跑"）

注：速度、力量和节奏练习应该包括1.6～3.2千米的热身和冷身。

每周总跑量也包括每次1.6千米的热身和冷身。

续表

周五	周六	周日	每周总跑量
休息	轻松跑5千米	轻松跑6.5千米	16千米
轻松跑5千米	轻松跑5千米	轻松跑6.5千米	24千米
轻松跑6.5千米	轻松跑6.5千米	轻松跑8千米	34千米
轻松跑5千米	轻松跑8千米	轻松跑8千米	34千米
轻松跑8千米	轻松跑6.5千米	轻松跑9.75千米	39千米
轻松跑6.5千米	轻松跑13千米	轻松跑13千米	63千米
轻松跑6.5千米	轻松跑9.75千米	轻松跑16千米	62千米
轻松跑8千米	轻松跑9.75千米	轻松跑16千米	66.6千米
轻松跑9.75千米	轻松跑8千米	长距离跑24千米	76千米
轻松跑8千米	轻松跑13千米	长距离跑16千米	75千米

注：

速度跑练习
查看第46～52页的配速表

力量跑练习
查看第56～59页的配速表

节奏跑练习
查看第63页的配速表

训练计划

表4.1　　　　　　　　　汉森马拉松训练法：初级跑步者训练计划　　　　　　　　续表

周	周一	周二	周三	周四
11	轻松跑8千米	6组1 600米间歇跑，组间400米恢复	休息	13千米
12	轻松跑8千米	4组2 400米间歇跑，组间800米恢复	休息	14.6千米
13	轻松跑11.4千米	3组3 200米间歇跑，组间800米恢复	休息	14.6千米
14	轻松跑8千米	2组5 000米间歇跑，组间1 600米恢复	休息	16千米
15	轻松跑11.4千米	3组3 200米间歇跑，组间800米恢复	休息	16千米
16	轻松跑8千米	4组2 400米间歇跑，组间800米恢复	休息	16千米
17	轻松跑11.4千米	6组1 600米间歇跑，组间400米恢复	休息	16千米
18	轻松跑8千米	轻松跑8千米	休息	轻松跑9.75千米

（力量跑）（节奏跑）

注：速度、力量和节奏练习应该包括1.6~3.2千米的热身和冷身。
每周总跑量也包括1.6千米的热身和冷身。

训练计划

续表

周五	周六	周日	每周总跑量
轻松跑8千米	轻松跑13千米	长距离跑26千米	88千米
轻松跑8千米	轻松跑13千米	长距离跑16千米	80千米
轻松跑9.75千米	轻松跑9.75千米	长距离跑26千米	91千米
轻松跑8千米	轻松跑13千米	长距离跑16千米	80千米
轻松跑9.75千米	轻松跑9.75千米	长距离跑26千米	93千米
轻松跑8千米	轻松跑13千米	长距离跑16千米	81千米
轻松跑9.75千米	轻松跑9.75千米	轻松跑13千米	80千米
轻松跑8千米	轻松跑5千米	比赛日！	81千米

注：

速度跑练习
查看第46 ~ 52
页的配速表

力量跑练习
查看第56 ~ 59
页的配速表

节奏跑练习
查看第63页的
配速表

训练计划

度训练的泥沼。如果你太努力地跑前一个训练模块，你的身体就没有余力完成力量练习。在这一部分训练中，提高是通过增加每周跑量达到的，这也就是坚持我们建议的配速在特别重要的原因。在高跑量的周跑太快，必定会让你受伤或者耗尽体力。

你会发现，长距离跑在整个训练计划中始终如一，尽管随着你训练的进展，长距离跑会变得越来越长。长距离跑是训练计划的一方面，也会被问最多的问题，比如增量和频率如何处理。在几周较短距离的轻松跑之后，我们开始在周日增加一个16千米的长距离跑，然后每周距离的增加不超过3.2千米。这些增加与计划的每周总跑量是成正比的，也就意味着长距离跑在整个计划的始终都占总跑量的25%左右。随着节奏跑开始增加，长距离跑也增加了。比如，在长距离跑24~25.7千米的那一周，也会有13~16千米的节奏跑；但是如果加上热身和冷身的话，当日的总量也要逼近24千米大关了。我们每周安排一次24~26千米的长距离跑和下周一次16千米的长距离跑，就是为了适应更长距离的节奏跑。如果没有这种调整，你一个月又超过每8天跑3次以上长距离的话，你的训练就会失衡，还会增加你受伤的概率。通过每两周进行一次常规的较长的长距离跑，你的身体就会学会如何在每周跑一次长距离的情况下应对更大的跑量。

马拉松训练这块蛋糕外的糖衣是训练计划最简单的部分：赛前减量期。在所有的刻苦训练之后，身体也疲乏了。总有那么一些时候，你会怀疑自己是不是真的能完成训练。最后一部分的目的是让身体从之前的16周训练中恢复，同时维持身体所获得的体适能。我们并不想让你做大部分训练的时候都感到新鲜，恰恰相反，我们希望你在比赛前的最后10天感到充满活力。这是你的时间，你需要一点点休息，但是也要保持身体迄今为止做出的所有积极适应。

高级跑步者训练计划

高级跑步者训练计划最适合那些完成过至少一次全程马拉松的跑步者，但是也取决于你的经历。如果你过去的训练周跑量不大，但是长距离跑的量很大，就像许多训练计划建议的那样，你需要针对高级跑步者训练计划做一些调整。本章最后一部分将会讨论这个话题。如初级跑步者训练计划中指出的，有些习惯于低跑量的跑步者在进行高级跑步者训练计划的时候，会因其积极向上的结构和较高的跑量而感觉到吃力。也就是说，那些从来没有完成过一次全程马拉松，但是每周能跑80千米甚至更多的跑步者，将会在使用高级跑步者训练计划时茁壮成长。

高级跑步者训练计划（见表4.3）和初级跑步者训练计划相比有几处不同，最明显之处就是每周的跑量。从第一周开始，高级跑步者训练计划就布置了更多的跑量，而且这个趋势贯穿整个计划的始终。我们给初级跑步者的建议是在跑量最大的周要达到大概80千米，高级跑步者则应该超过96千米。非常值得提醒的一点就是：这些跑量的增加并不是从实质练习的增加中得来的，而是由轻松跑贡献的。谨记轻松跑能够强有力地刺激有氧能力的发展，具体方式是通过线粒体的增长、肌肉纤维的补充和脂肪利用的提升。这些好处的获得，都可以让你不用面对更刻苦的跑步所带来的压力。

表4.2　　　　　　　　初级跑步者和高级跑步者16千米跑的对比

	跑步者A：初级	跑步者B：高级
轻松跑配速	每千米5分30秒	每千米4分36秒
16千米跑时间	1小时28分钟	约1小时14分钟
占每周总跑量比例	25%	18%~20%

这两套计划还有一些显著的不同，就是来源于长距离跑。高级跑步者训练计划仍然不会让跑步者跑26千米以上的距离，计划的结构和积累是与众不同的。比如，16千米的距离在初级跑步者训练计划中就已经被定义为长距离跑了，但是在高级跑步者训练计划中仅仅是轻松跑。查看表4.2，你就可以清楚地看到16千米的跑步对初级跑步者的意义要远远大于高级跑步者。

你也许会奇怪，为什么在高级跑步者训练计划中长距离跑隔一周才安排一次。在初级跑步者训练计划里，我们不希望你在周日跑长距离，或者有热身和冷身、加起来超过26千米的节奏跑，然后下一个周日也跑长距离。如果这样的话，你就是连着8天都跑步了。在各种训练元素之间保持精妙的平衡意义重大，所以不能让太多长距离跑占用其他重要组成的位置。

你还会发现，实质练习在高级跑步者训练计划中会开始得更早一些。在初级跑步者训练计划中，跑步者从打基础期开始，包含所有轻松跑的内容；而在高级跑步者训练计划中，速度练习在第一个整周内就开始了，节奏跑在第二周就安排了。速度练习被更早地纳入高级跑步者训练计划，只因为它是更容易被长跑爱好者忽视的训练内容。当跑步者计划一年跑好几次马拉松比赛的时候，

表4.3 　　　　　　　**汉森马拉松训练法：高级跑步者训练计划**

周	周一	周二	周三	周四
1			休息	轻松跑10千米
2	轻松跑10千米	12组400米间歇跑，组间恢复400米	休息	轻松跑10千米
3	轻松跑10千米	8组600米间歇跑，组间恢复400米	休息	10千米
4	轻松跑10千米	6组800米间歇跑，组间恢复400米	休息	10千米
5	轻松跑10千米	5组1 000米间歇跑，组间恢复400米	休息	10千米
6	轻松跑10千米	4组1 200米间歇跑，组间恢复400米	休息	11千米
7	轻松跑10千米	400米–800米–1 200米–1 600米–1 200米–800米–400米,组间恢复400米	休息	11千米
8	轻松跑10千米	3组1 600米间歇跑，组间恢复600米	休息	11千米
9	轻松跑13千米	6组800米间歇跑，组间恢复400米	休息	13千米
10	轻松跑10千米	3组1 600米间歇跑，组间恢复600米	休息	13千米

（周二列标注：速度跑；周四列标注：节奏跑）

注：速度、力量和节奏练习应该包括2 400～5 000米的热身和冷身。

每周总跑量也包括2 400米的热身和冷身。

周五	周六	周日	每周总跑量
轻松跑10千米	轻松跑10千米	轻松跑13千米	46千米
轻松跑10千米	轻松跑10千米	轻松跑13千米	66千米
轻松跑11千米	轻松跑10千米	长距离跑16千米	75千米
轻松跑10千米	轻松跑13千米	轻松跑13千米	73千米
轻松跑11千米	轻松跑10千米	长距离跑19.5千米	76千米
轻松跑10千米	轻松跑16千米	轻松跑13千米	76千米
轻松跑11千米	轻松跑13千米	长距离跑22千米	88千米
轻松跑10千米	轻松跑16千米	轻松跑16千米	80千米
轻松跑11千米	轻松跑13千米	长距离跑24千米	93千米
轻松跑10千米	轻松跑16千米	轻松跑16千米	81千米

注:

速度跑练习
查看第46~52页的配速表

力量跑练习
查看第56~59页的配速表

节奏跑练习
查看第63页的配速表

高级

表4.3　　　　　　　汉森马拉松训练法：高级跑步者训练计划

周	周一	周二	周三	周四
11	轻松跑13千米	6组1 600米间歇跑，组间恢复400米	休息	13千米
12	轻松跑10千米	4组2 400米间歇跑，组间恢复800米	休息	15千米
13	轻松跑13千米	3组3 200米间歇跑，组间恢复800米	休息	15千米
14	轻松跑10千米	2组5 000米间歇跑，组间恢复1 600米	休息	15千米
15	轻松跑13千米	3组3 200米间歇跑，组间恢复800米	休息	16千米
16	轻松跑10千米	4组2 400米间歇跑，组间恢复800米	休息	16千米
17	轻松跑13千米	6组1 600米间歇跑，组间恢复400米	休息	16千米
18	轻松跑10千米	轻松跑8千米	休息	轻松跑10千米

力量跑

节奏跑

高级

注：速度、力量和节奏练习应该包括2 400～5 000米的热身和冷身。

　　每周总跑量也包括2 400米的热身和冷身。

周五	周六	周日	每周总跑量
轻松跑11千米	轻松跑13千米	长距离跑32千米	99千米
轻松跑10千米	轻松跑16千米	长距离跑16千米	89千米
轻松跑11千米	轻松跑13千米	长距离跑32千米	101千米
轻松跑10千米	轻松跑16千米	长距离跑16千米	89千米
轻松跑11千米	轻松跑13千米	长距离跑32千米	102千米
轻松跑10千米	轻松跑16千米	长距离跑16千米	91千米
轻松跑11千米	轻松跑13千米	长距离跑13千米	89千米
轻松跑10千米	轻松跑5千米	比赛日！	85千米

注：

速度跑练习
查看第46～52
页的配速表

力量跑练习
查看第56～59
页的配速表

节奏跑练习
查看第63页的
配速表

高级

很容易陷入一个怪圈。那就是只关注节奏跑和长距离跑，因为跑步者本人总是在准备下一个比赛。

通过在高级跑步者训练计划早期插入速度练习，有经验的马拉松跑步者可以解决最常见的一种马拉松劣势。我们遇到的另外一组高级马拉松跑步者是夏天跑短程比赛，秋天跑全程马拉松。初级跑步者需要花绝大多数的时间增强整体的耐力，但这对高级跑步者来说并不是必需的。通过将长一些的速度环节合并、放弃初级跑步者完成的高跑量基线，两组高级跑步者都能从中获益。速度练习不但能帮助他们准备希望参加的短程比赛，还能帮助他们在速度方面解决劣势。

想实践速度练习，可以遵照第三章的顺序进行。首先进行12组400米练习，然后是8组600米、6组800米、5组1000米、4组1200米，最后是3组1600米。到了这个时间点，你还剩下4周速度跑训练的时间。然后你就以倒金字塔的顺序跑4组1200米、5组1000米、6组800米，最后一周的速度环节就是12组400米了。

除了之前执行的速度练习以外，高级跑步者训练计划的节奏跑练习也是不同的。初级跑步者训练计划的节奏跑从8千米直接跳到13千米，高级跑步者训练计划则是稳健地从10千米逐渐增加到11千米、13千米、15千米，最后才到的16千米。这是因为初学者的进步比老手来得要快。全程马拉松4小时的跑步者，如果成绩要提高6%的话，就是3小时45分。然而，2小时45分的跑步者，同样要提高6%的成绩那就是2小时35分。因此，高级跑步者需要花更多的时间在特定的训练区域上，才能获得最大的收益。

训练计划问答

在我们的训练诊所里，关于如何准备马拉松这个话题，年复一年我们遇到了很多相同的提问。事实真相是，我们所有人在遇到像马拉松这样的新挑战时，都会感到恐慌和忧惧。作为教练，多年来我们已通晓如何回答这些问题，如何让跑步者们感到自信，从而坚信自己能完成所有的训练。不管你是选择初级跑步者训练计划还是高级跑步者训练计划，都可以看看下面这些最常见的问题。

如果我需要临时调整时间怎么办？

我们都理解，与工作和家庭责任相比，跑步是次要的。但是，我们仍希望你可以把马拉松训练在你几个月的优先级里往前提一提。诚然，要把它放在第一位也是不现实的。也许你已经了解了，实质练习是安排在周二、周四和周日的。如果哪一天你真有事，没法完成预定计划，临时调整一下时间表也没关系。但是如果你真的决定这么做了，一定要确保这样的调换是有意义的。例如，我们时间表的周二是速度练习。如果你知道你周二总是被开会、孩子或其他的事务纠缠，那你就可以把所有的速度练习换到周一去。你还应该对其他练习做出相应调整，比如把周日的长距离跑放到周六等。这会让日程安排仍然具有连贯性，仅仅通过调换就避免了训练自身的修改。其目标就是尽量避免背靠背的实质练习，形成累积性疲劳，而不要达到返回点。如果你发现自己身处这种状况，那就要更改实质练习的日期，以便两次实质练习间有一个轻松跑或者休息日。

如果我想跑更多的周跑量怎么办？

许多跑步者都觉得如果想增加周跑量，多进行长距离跑是显而易见的选择；然而，我们在长距离跑上进行的修修补补才是你最后应该做的事。如果你想增加跑量，可以把轻松跑延长到16千米或者更长距离，抑或在原计划休息的日子进行轻松跑即可。更多详情，请参见第五章。

如果我在训练的过程中想参加比赛怎么办？

我们一般不建议在马拉松训练的过程中参加比赛，但有些时候这又是必要的，特别是初学者要完成5千米或10千米来建立实质练习的基线。还有些时候，更长距离的比赛也会帮助你精确核算特定的全程马拉松目标完赛时间。也有些情况下，时间表的改变都是相同的：将周中的节奏跑替换为原本在周末进行的轻松跑。如果比赛是在周六的话，可以在周日进行简单跑训练，然后在周一重拾常规训练。更多详情，请参见第五章。

我热身和冷身应该做多少？

原则上我们建议在主项训练前后，各慢跑1.6～3.2千米进行热身和冷身。对于初级跑步者而言，这会是15～20分钟。更高级的跑步者会找一种简单的办法来增多每周的跑量，即增加热身和冷身到3.2～5千米，并从中获益。

要是我感觉累了，能不能休息一天？

如果遇到这种情况，你首先应该判断自己是受伤了，或只是疲劳而已。训练的时候，我们都会遇到一些伤痛。事实上，许多跑步者冲大跑量的时候感觉并不是那么好。因此感到有些力竭是正常的，也是这个过程必经的一部分。如果你发现自己累了，一定要确保自己轻松跑的日子是真的轻松，实质训练的配速没有乱来。如果你受伤了，则需要咨询教练或者医生，问问他们你应该如何处理。

如果我没有时间完成整个练习怎么办？

随着节奏跑的距离变得越来越长、力量练习开始以后，训练就需要更多的时间，这个问题也就会越来越突出。如果你真的没有时间，那能跑多少就跑多少。俗话说得好，聊胜于无！如果你计划里是要完成16千米，但是你的时间只够跑10千米，那就跑10千米好了。比起什么都不做来，进行10千米节奏跑的收益当然更大啦。

第五章

训练计划的调整

通过参与到汉森马拉松训练计划中的人，我们认识到训练计划不能一成不变。就算是我们带的精英跑步者训练的时候也会有磕磕绊绊，所以训练计划有时候是需要改变的。比如家里有事、工作变动，或者发生伤病，各种状况都会让你的训练之道做出调整。有些人还想在训练中增加跑量，这就需要大的调整。考虑到最常见的情况以及应对方法，不管情形如何变化，你都应该有备用方案。

增加周跑量

尽管我们的训练计划适用于各种时间目标和能力，但我们还是收到很多关于如何增加周跑量的问询。如我们之前讨论过的，一名跑步者希望越快完成马拉松，那么他或她要完成的训练也就越多（达到某个点）。那就需要在总体上，增加每周的跑量。如果你跑人生第一次马拉松，遵循的是初级跑步者训练计划，那么你最好还是按照建议的跑量来稳稳当当地完成首马之旅。但是我们一次又一次见到不按常规出牌的跑友，他们也许在短程比赛中经验丰富，但是一次全程马拉松也没跑过。如果你属于这类人，我们建议你老老实实按高级跑步者训练计划执行就可以了。

那样会让你每周的跑量都有所增加，但是又不用太费力。就算你在短程比赛中非常成功，跑大跑量也完全是另外一种体验。如果你以前从没跑过那么多，则最好还是让你的第一个全程马拉松先试试高级跑步者训练计划，而准备跑第二次全程马拉松的时候再考虑慢慢地加跑量，当然前提是你自己身体的反应如何。

如果你跑过很多次全程马拉松，要遵照高级跑步者训练计划，那么增加里程这件事就有点小复杂了。你的直觉也许是增加长距离跑的量，但是我们首先建议你在休息日增加跑量。如果你想逐渐增加每周跑量的话，我们建议周三和休息日增加6~13千米的轻松跑，然后大概10%的增量就垂手可得了。对许多跑步者来说，夹在两个实质训练日之间轻松跑的日子，实际上比休息日更能刺激恢复、支撑常规训练。

　　另外一种增加跑量的方法，就是调整高级跑步者训练计划里轻松跑那些天的训练内容。因为大部分轻松跑的日子就跑10~13千米，所以一个有经验的马拉松跑步者将这个数字增加到13~16千米也是完全合理的。如果每周的每个轻松跑日都增加3千米，你每周就能多增加13千米的跑量，每周跑量就能突破114千米大关。我们有好多竞技型的选手都在用这种方法，他们的成绩都在3小时以内。

　　在高级跑步者训练计划里，最后一种增加跑量的方法是增加长距离跑。尽管我们经常建议把"较短"的长距离跑变长，但是我们并不建议动辄就跑32~34千米。比如，我教的一个人每周的跑量有114~122千米。她没有时间跑更多，但是她几乎每周都能跑这么多。因为她没有办法增加周跑量了，所以她每周都能承受长距离跑的压力。现在，她从每周能安全处理的最大里程中获益。所以除了隔一周跑一次长距离，你还可以选择每周都跑一次。这样就会在训练过程中迅速增加跑量。尽管如此，凯文和凯斯还是警告跑步者尽量不要跑32千米以上的长距离，除非每周的跑量能达到146~160千米。

　　对于少数野心勃勃的慢慢加跑量、想要达到每周146~160千米跑量的人，我们再次建议在轻松跑的日子增加跑量，且每个轻松跑至少16千米起步。如果你每周7天都跑步，那么有4天就是轻松跑，加起来每周就是65千米了，占你总目标的40%~50%。在这种情况下，力量练习总共是18千米。我们通常建议在它前后增加5千米的热身和冷身，来获得一些额外的跑量。包含热身和冷身在内，节奏跑的峰值会达到23千米，我们建议把周六的跑量增加到19.5千米。然后，当你加入29~32千米长距离跑的时候，你每周的跑量就能达到了。

　　另外，跑友们还经常问我们关于一天双练的问题。就像长距离跑一样，我们的建议是，这事也得分人。对于大部分人来说，一天能抽时间跑一次都不容易，更别说两次了。如果你只是想一周增加16千米的跑量，通常来说在周三增加一次轻松跑更为简单一些。然后你就只剩下几千米的空缺需要填补了，这样在每周多跑那么几次也就容易多了。对于那些一周跑144~130千米的人来说，跑13~16千米只需要60~80分钟而已（假设是每1.6千米8分钟的配速）。对于跑量更大、全程马拉松成绩在2小时30分到3小时10分的高手来说，跑16千米都算不得主菜。即便如此，一天双练也未必能实现。在这种情况下，加13~16千米的轻松跑到实质训练中，就会让你每周的跑量已经增加到114~130千米了。一旦一个人接近每周160千米的跑量，才能考虑一天双练。在那个点，你才有资格说每天跑23~24千米甚至更多。与一次16千米的跑步相比，这也许看起来并不算多。但是在这个层级，双练增加的额外6~8千米可以引发真正的生理适应。

在附录A中，我们会讨论汉森—布鲁克斯长跑项目中精英运动员的训练计划。你能从中学会将每周的大跑量化整为零的方法。为了达到梦寐以求的160千米标志，你可以将轻松跑从16千米增加到22千米，以此获得每周额外的10千米跑量，也可以每周有几天加练6.5千米。所有这些增加跑量的前提是，不能把总量和核心实质练习的强度弄乱，这就证明通过增加轻松跑获得的大量收益会起到自我激励的作用。身为教练，我们见过太多结构性的训练帮助男选手跑到2小时20多分、女选手跑进3小时。

为比赛做调整

跑友们要求调整训练计划最常见的原因之一，就是要适应比赛。我们通常建议尽量少准备马拉松，但在某些情况下比赛也是有好处的。之前我们特别讨论过，初跑步者比赛5千米和10千米，可以帮助他们建立更针对马拉松训练的基线。为了让比赛变得有用，你必须有策略地安排时间。因为一些原因，第一个也是最好的机会就在初级跑步者训练计划第7周的周末。前三周是花时间打基础，准备好应对更高强度的跑步训练；之后是速度练习，跑量也随之增加。因为一般需要三周的时间来对新训练的压力做出适应，所以在那个时间点安排一个比赛是可行的。

另外，你还将注意到速度练习第三周会安排第一次16千米。为了参加那个比赛，你就不得不失去一些东西。在这种情况下，第一次较长距离的跑步很容易放弃。你可以在前一周跑一次13千米、后一周跑一次16千米，这样就不会因为那个周末安排的比赛而失去什么了。如果你决定速度训练的第四周比赛，那么你将不得不错失第一次13千米的节奏跑，而这是从前一周8千米节奏跑基础上的一次巨大飞跃。更重要的是，下一周你将不得不进行24千米的长距离跑，而在前一周没有过度的进阶跳板。通过在速度训练第三周安排一次比赛，你的

表5.1   第7周和第8周：初级跑步者训练计划

周	周一	周二	周三	周四
7	轻松跑6.5千米	8组600米间歇跑，组间400米恢复	休息	轻松跑10千米
8	轻松跑10千米	6组800米间歇跑，组间400米恢复	休息	8千米

（周一、周二之间标注"节奏跑"；第8行周四标注"速度跑"）

注：在初级跑步者训练计划的速度跑单元中加入一个比赛。

身体会为更高强度的跑步做好准备，并将错失的重要练习控制在最小范围。

训练网格（见表5.1）展示了更详细的细节，让你明白如何调整练习来最好地适应比赛。你会发现在这周，周四原来的计划是节奏跑，现在被周六的轻松跑取代了，而周五的计划保持不变。然后，周六就是比赛日，替代了原来的节奏跑。这种战略性的互换，是因为比赛和节奏跑都属于刺激的无氧阈值。因此，周日被另一个时间更长的轻松跑取代。在这周之后，日程表又回归了正常的安排。

这个例子展示了不管你是在使用高级跑步者训练计划还是初级跑步者训练计划，为什么都不能太频繁地参赛。比赛导致了节奏跑和长距离跑的大量调整，有的时候两者都会受到影响。在训练的初期，影响也许并不明显；但随着比赛的临近，这就成了大问题。正如我们所说的，有些时候跑步者想在马拉松比赛的前几周来一次较长距离的比赛，以检验身体的状态，并提前做路演。例如，8月下旬的密歇根有一个名为Bobby Crim的16千米比赛。对于秋天想参加全程马拉松的人来说，这个特殊的比赛真的适合加到训练里去，因为这个时间正好是大多数密歇根本地马拉松季来临前的4~6周。此外，当你在16千米的前后加上热身和冷身之后，那天的跑量就已经超过了那周的长距离跑，这个替换是极好的。从另一个角度看，几周以后密歇根还有一个半程马拉松呢，我们又强烈建议大家参加。鉴于16千米的比赛时间很有意义，那么半程马拉松的比赛时间要更接近全程马拉松，也是让跑步者空乏其身、摆脱训练的方法。这两个本地比赛的例子恰恰强调了在训练中加入比赛的底线：总的来说，比赛应该适合

周五	周六	周日	每周总量
轻松跑6.5千米	比赛（5千米或10千米）	轻松跑13千米	52~57千米
轻松跑8千米	轻松跑10千米	轻松跑13千米	63千米

注：

▬▬ **速度跑练习**

▬▬ **节奏跑练习**

整体的计划，对你的训练应该起到支撑作用，而不是把你最终的目标打乱——这个目标就是在马拉松比赛日取得最好的成绩。

针对冲突的调整

在马拉松训练之前，许多跑步者的跑步都不怎么规律，跑量和强度完全看心情和天气。诚然，只要是锻炼就对身体有好处。但是马拉松训练需要更专注，也更讲究策略。在这方面有一个马拉松训练面临的巨大挑战：时间冲突。比如，你的孩子周四要打棒球比赛，而这天你原本是要进行节奏跑练习的；或者你每个周日都要上班，而这天本来应该长距离跑。身为教练，我们在每一个马拉松训练周期里都要帮助跑友们解决这样的问题。我们给你提供三条与人生中各种职责和平共处的简单指导原则，你就拥有在不停止跑步的前提下履行责任的工具了。

指导原则1：保持训练的规律性。

如果你决定调整训练科目，那么尽量还是保持规律性为好。例如，如果你这周把周四和周五的练习对调了，那么以后的所有周都这么做。关键是避免每周交换不同的日子。如果你某周把力量练习改到了周五，而且下周的周二继续做了力量练习，那你就在5天之内做了两次力量练习。这不仅仅是打破了训练平衡，而且会导致伤病和过度训练。如果你知道某个有规律的冲突就会发生在每周的某一天，那么每周、每月都要统一。如果你每个周日都要工作，那就把整个训练循环的长距离跑都换到周六好了。在这里，保持训练的规律性就是关键。你越能保持住训练的规律性，就越会受益。

指导原则2：确保休息日和轻松跑的日子都能就位。

简而言之，你在实质训练间应该加入轻松跑或者休息日。如果你周二错过了速度练习，转为周三完成，然后周四又进行了按计划应该跑的节奏跑，那你就有可能受伤，可谓没事找事。在这种情况下，最好的办法是把节奏跑延后至周五，周六安排成轻松跑，周日安排长距离。这样你就可以针对某些公务和打扰做出调整，同时又不用打乱整个训练计划。

指导原则3：有总比没有强。

想一想前一个例子，错过了周二的实质练习。如果这周接下来的几天都没有办法改变计划，那该怎么办？一个选择是就这么继续下去。对的，不用管缺了什么，直接做下一次的实质练习就好。在有些情况下，这真的是没有办法的办法了。如果你没有时间完成全部的练习，那么稍微小跑一阵，或者把练习压缩一下，能做多少就做多少。就算是只跑25分钟，也比放弃锻炼来得好。

因为伤病做出调整

因为伤病对马拉松训练做出调整，肯定是最让你沮丧的原因了。你已经为全程马拉松准备了好几个月，心里一定会很难受吧。换个角度看问题，虽然不可能完全蠲除，但高明的训练其实可以避免绝大部分的伤病。就算你做事非常认真，也会出现一些小疏漏，比如不小心摔倒或者在不平坦的地面上崴了脚踝。下面就是如何规避这些潜在跑步停工期的办法，当然也要看错过了哪些训练日，以及这些日子是什么时候。

缺席训练1～2天

也许你碰伤了膝盖，或者生了几天病。如果一两天以后你身体好好的又能锻炼了，那么训练可以帮助你恢复如初，也不用刻意地增大跑量和强度。你只不过几天没跑步而已，没什么大不了的。比如，如果你周日长距离跑的最后阶段没跑好，导致你周一和周二没能训练，你只需要周三照常训练就是了。如果你感到100%满血复活了，周三就完成原本周二应该做的实质练习，把周四的节奏跑延后到周五。

这让你还能够坚持每周的实质练习，并坚持安排日程表的原则，那就是在两次比较难的训练之间安排一次轻松跑的日子或休息日。但是，如果你不能重新规划实质训练日以适应那些参数，那么周四就进行节奏跑，上一个实质训练错过就错过了。错过很多次练习也许会让你的马拉松成绩比较差，错过一次练习永远不至于要你的命。

缺席训练3～6天

生理上的退化会比较小，在这个时间框架里哪怕一步都不跑也没事。通常错过这几天训练的人是得了一场来得快去得也快的流感，或者仅仅就是哪里疼痛而已。这样讲的话，如果你觉得身体足够好、已经复原了，想要轻松慢跑一小段的话，那就去跑吧。如果你真的卧床不起，那就好好休息休息，少锻炼几天是不会让你的最终目标止步的。病休三四天错过训练以后，慢慢恢复运动，先跑上两三天的轻松跑，然后重拾计划，像平时一样执行。如果病休了五六天，那就轻松跑三四天，然后回退到病休前那周的训练计划。在那周之后，又开始执行正常的训练计划。例如，你错过了第三周的计划，那么第四周就轻松跑，然后第五周回退到第三周的计划。在这之后，直接跳到之前的第六周训练计划。

缺席训练7～10天

在这个时间点，身体开始失去一些之前努力获得的生理上的收益。你也许听过"失去容易得到难"这句话吧。获得体能总是要花大把大把的时间，而失去却很简单。一周半不跑步绝对需要认真地调整计划了，但是这种调整取决于缺席的这段时间处于计划的哪一个部分。如果是在训练计划的力量跑之前，那么跑步者还不至于对比赛的目标大动干戈。如果这种退步发生在力量练习开始以后，那么跑步者就得调整比赛目标了，因为他们已没有足够的时间来进行正常的训练了。记住这一点，如果医生允许，你在这段时间还能稍微跑点短距离的轻松跑，那么你将来回到正常训练正轨的时间就会缩短很多。如果你跑不了，可以做交叉训练来预防体能下降；希望体能还保持足够高，让你能更轻松、更快地恢复健康跑步的状态。如果你身处这种状况，永远记得在自我诊断和处理之前，去征求一下专业医生的意见，而且对方一定要懂跑步。在本章前面缺席训练1~10天的案例中，你并不需要退出跑马拉松的计划，但是必须对计划做出调整。

针对你回归跑步这事，你缺席了多少天，就得轻松跑相同的天数来补偿。如果一周没跑步，那就得轻松跑一周。在那之后，就是回到上一次完整训练的那周内容，重复那周的训练科目。跑完了这周，才能重拾起缺席的那周，并开始重回正常的日程安排。所以，如果一周没训练，就要用3周的时间才能弥补回来。如果你在缺席的那周还能坚持轻松跑的话，你就从3周的时间窗口里抢回了1周。这一条建议在整个训练计划中都奏效。一旦力量练习已经开始，你也许一算时间就意识到了："哇，我时间不够了。"不巧的是，这样的事经常发生。许多人也许能很快回到正轨继续训练，但是目标完赛时间就会打折了。一旦你的训练已经到了最后4~6周，你就要从正反两方面考虑比赛本身了。如果你这个比赛是想达标波士顿，但是在五周前缺席了10天的训练，那么你还是再选一个比赛达标吧。如果你觉得状态很舒服，缺席的那几天影响不大，有足够的潜力冲一冲，那就去试一把也无妨。

缺席训练10天以上

遗憾的是，如果你被逼无奈缺席了这么长时间的话，你就要面临一个严肃的选择。两周不训练，生理收益的降低是非常巨大的——可能要3%~5%。这听起来也许不算多，但是要考虑到这一点：对于想要跑进3小时的人来说，4%的损失就意味着完赛时间要慢7分钟。马拉松跑越越慢，完赛时间就越长。还有比这更糟糕的，如果三周不跑步，体能的7%就要流失了。这意味着最大摄氧量和血液总量都要降低10%，无氧阈值的降低更多，肌糖原降低则可达30%之多。这些对马拉松成绩来说都很重要，如果你两周没跑步，一般就需要两周以上的时间让自己回到受伤以前的水平，从而被原计划落了很远。特别是如果这发生在训练计划力量跑的那部分，你就没有足够的时间恢复体能水平，也不可能为想参加的比赛做好准备了。

尽管你已不可能发挥上佳表现了，但是处于这种情况下的高级跑步者还是可以改为进行相对短一些的训练计划，并且完成比赛，只不过成绩不如预想的那么好。然而，初级跑步者和第一次参加马拉松的跑友们如果错失了大量的训练时间、仍然坚持原定比赛目标的话，还是要小心一点为好。这类跑步者完全可以考虑选一个别的比赛参加，如果一定要坚持参赛，至少也要修正一下完赛的时间目标。我们在这些年的执教生涯里，见过好多人因伤缺席了一段时间的训练后，在最后一刻勉为其难参赛的情况。这通常会让他们得不到很好的恢复，比赛的体验也会很差。

如果你开始跑了最初计划参加的比赛，一定要退一步再看看你现在的身体状况究竟要慢多少。如果你缺席了2周，把比赛目标调整3%~5%；如果你缺席了3周，把预计成绩多增加7%~10%。比如，如果跑友缺席了2周训练，原定目标是3小时30分，那么他或她已经在原有目标之上又加了6.3分钟（210×0.03）~10.5分钟（210×0.05），即新的完赛时间应该在3小时36分到3小时41分。任何缺席4周的情况，我们都建议干脆再选一个别的比赛。

停工期的决定

尽管我们罗列了好多种修改训练计划的办法，但我们还是主张，如果有可能的话，最好还是避免从训练里"偷"走应该锻炼的日子。就算你的腿又酸又痛也要坚持锻炼，因为酸痛和伤病并没有必然关联。在马拉松训练的过程中，你的双腿难免会痛、会疲劳、会莫名其妙的酸，这都是正常现象。许多适应就是在训练的过程中发生的，就是在你感觉不想跑的日子里发生的。

但是如果你有伤病的话，你身体的反应就会完全不一样。对于不太严重的伤病，在休息的时候，还要定位一下问题到底发生在什么地方。要不然的话，就算你已恢复训练了，同样的事情也还会继续发生。比如，如果你有外胫夹（胫骨表面肌肉损伤造成的疼痛），就要找出减轻疼痛的办法，如换一双新鞋，或者进行力量跑的常规训练。如果你的身体还能训练，就可以减少运动量和强度，但是还要在康复阶段坚持短距离的轻松跑。训练量应该减少，但是如果病因已经明确、做了处理的话，则并不需要为了恢复而完全停掉训练。这样你就可以维持住部分的体能，停工期就能极大地缩短，也就能更快地重回常规训练。

第三部分

比赛策略

第六章

选择比赛目标

一旦你确定了要遵循的训练计划，就是时候明确你的比赛目标了。每个人的目标都不一样，但是设置一个目标并与马拉松训练的需求相一致还是非常重要的。有些人只是希望完赛，有些人是想从"这辈子必须做的××件事情列表"里划掉一行，有些人则为募捐或慈善而跑。从吸引人们参与这项运动的角度来看，这些目标都是相同的，也都很好。但真相是，这些人参加马拉松的整体体验并不怎么好。马拉松训练计划帮助不了跑步者完赛的问题在于，它们无法让跑步者轻松地累计跑量，让训练和比赛变得不愉悦，更让跑着感到很痛苦。

借鉴经济学领域的知识，我们建议设置目标要遵循SMART原则：具体、可衡量、可达到、与其他目标具有一定相关性、有明确截止期限（Specific, Measurable, Attainable, Realistic, Timely，更多的解释请参见http://rapidbi.com/created/writesmartobjectives/）。具体的目标是清晰的，所以与其说想完成一个马拉松，还不如先设想一个明确的时间目标。通过设置一个可衡量的目标，如3小时25分，你就给了自己一个明确的目标。当然你希望这个目标是可达到的。3小时25分的成绩对于之前跑3小时40分的人来说跳一跳就能够到，但是对于个人最好成绩为5小时25分的人来说就是痴人说梦了。同样，现实的目标是要考虑你自身的能力和计划的限制条件。如果你一周只能训练4天，你就不太可能跑进2小时25分。最后，有明确截止期限的目标是包含特定时间窗口的。这一点实现起来很简单，因为你在开始训练计划和真刀真枪比赛的那天之间肯定会有时间段。通过遵循这些条件，你就更有可能达到之前设置的目标。

在完美的情况下，我们鼓励跑步者为全程马拉松选一个小一点的目标。当跑步者慢慢从5千米、10千米、半程马拉松，一步步升级到全程马拉松的时候，他们的有氧能力和耐受增加的训练量的能力才会增强。更重要的是，短程的比赛会为马拉松训练提供坚实的基线，并为究竟应该选择怎样的马拉松完赛目标做出反馈。请记住，汉森马拉松训练法是帮助你达到具体目标的，而不仅仅是帮助你跑完全程。如果你只是想轻松完赛，没有任何追求的话，这套计划远比你期望的要更专注、更有架构。通过准确定位具体的时间目标，你就能明确如何训练才能达到那个点。我们不是要训练你跑、走，甚至把自己的身体拖过那条线，我们更想给你一套工具来成功地跑完全程马拉松，让你对跑步心生爱意，让你对比赛充满渴望。这些目标为你的训练提供了一个出发点和实实在在的靶心，也在整个马拉松准备的过程中给予你指导。

决定时间目标的因素有很多。最常见的就是跑步者想达标某个比赛，比如达标波士顿或者其他人满为患的比赛。这是最简单的目标点，因为标准早就设置好了。对于以前参加过马拉松的人而言，创造新的个人最好成绩也是非常常见的。很典型的例子就是我们听说很多跑步者想要突破某个大关，比如5小时、4小时、3小时。我们一方面鼓励你对自己高标准严要求，另一方面还是请你确认目标可控，并保证训练的出勤率。如果你对SMART型马拉松目标一无所知的话，这里有几条指导原则可以帮助你做决定。

时间设置的指导原则

现在和过去的训练

你的目标应该根据你现在的训练基础而定。例如，有人过去半年内受过伤，那么他的目标就和每周都能坚持跑80千米的人不一样。相同的道理，初级跑步者的目标就和"老马"的目标差很多。

目前的个人最好成绩

如果你之前跑过马拉松，而且跑量不算大，那么现在就算是跑量大一点点也可能给你的最好成绩带来很大的跃升。但是，如果你已经是名2小时30分的马拉松高手了，每周都能跑130~160千米，那么这种提高就会小得多。想想这一点：4小时选手提升5%就是12分钟，他就能轻松跑进3小时50分了。然而，相同比率的进步对于2小时30分的选手来说就是7分30秒，这会让他从地区级高手擢升至国家级高手。很显然，配速不同，提升5%的意义也就大相径庭了。

训练和可用性

你训练想要达到的目标受训练质量和总量的影响极大，因此最终的结果也是这样。当你选择一个目标的时候，应该看一看你已经训练了多少时间。时间决定了你日复一日训练得有多刻苦、多久，还能看出你在一个长时间段内是不是能始终坚持如一。比如，一个人能达标每周49~65千米的跑量、每周跑三四天、长距离拉练一个小时，他就能在当地的5千米或10千米比赛中表现得不错。这对短程的比赛是奏效的，但是相同的时间表里如果要为半程马拉松或者全程马拉松训练就比较费劲了。如果一周跑65千米，能不能完成全程马拉松呢？大概是可以的。这个跑量能不能让他或她取得最好成绩呢？显然不能。

训练窗口

目标比赛前的时间多少，对目标的设定也有一些指导意义。如果你是跑步新手，或者是第一次跑全程马拉松，在尝试冲击全程马拉松以前，还是计划一个较长时间的基础期比较好。然而，如果你是个老手，一直坚持训练的话，针对全程马拉松的训练就可以短得多，因为你已经有一定跑量基础了。有些跑步者更喜欢慢慢地打基础，有些跑步者则喜欢短平快。

外部因素

当设置马拉松目标的时候，也要考虑一下外部因素，比如路况、温度、赛事规模和所有可能影响你成绩的潜在因素。如果你的训练是在干冷环境下进行的，但是你选择的比赛是在湿热环境下举办，那么调整一下最终的时间目标吧。如果比赛是在平路上举办，你也许会比预想的更快一点；如果赛道多山，那就会慢一点。此外，如果你参加的是大型马拉松，前面乌泱乌泱全是人，你又在最后出发，那么就得多加几分钟。虽然你的芯片直到跨线的时候才开始计时（如果比赛采用净时间的话），你的成绩也会因为前面拥堵的人群而受到影响。

如何使用比赛等价表

比赛等价表（见表6.1）对于想根据现有能力找寻实事求是完赛时间目标的人来说，绝对是趁手的好工具。这个表可以让你根据最近的比赛时间，推算

表6.1 比赛等价表

1.6千米	3.2千米	5千米	10千米	15千米
12:59	27:43	45:00	1:33:29	2:24:51
12:16	26:10	42:30	1:28:17	2:16:49
11:32	24:38	40:00	1:23:06	2:08:46
11:24	24:19	39:30	1:22:03	2:07:09
11:15	24:01	39:00	1:21:01	2:05:33
11:06	23:42	38:30	1:19:59	2:03:56
10:58	23:24	38:00	1:18:56	2:02:19
10:49	23:06	37:30	1:17:54	2:00:43
10:40	22:47	37:00	1:16:52	1:59:06
10:32	22:29	36:30	1:15:49	1:57:30
10:23	22:10	36:00	1:14:47	1:55:53
10:14	21:52	35:30	1:13:45	1:54:17
10:06	21:33	35:00	1:12:42	1:52:40
9:57	21:15	34:30	1:11:40	1:51:03
9:48	20:56	34:00	1:10:38	1:49:27
9:40	20:38	33:30	1:09:35	1:47:50
9:31	20:19	33:00	1:08:33	1:46:14
9:22	20:01	32:30	1:07:31	1:44:37
9:14	19:42	32:00	1:06:28	1:43:01
9:05	19:24	31:30	1:05:26	1:41:24
8:56	19:05	31:00	1:04:24	1:39:47
8:48	18:47	30:30	1:03:21	1:38:11
8:39	18:28	30:00	1:02:19	1:36:34
8:30	18:10	29:30	1:01:17	1:34:58
8:22	17:51	29:00	1:00:15	1:33:21
8:13	17:33	28:30	59:12	1:31:45
8:04	17:14	28:00	58:10	1:30:08
7:56	16:56	27:30	57:08	1:28:31
7:47	16:37	27:00	56:05	1:26:55
7:39	16:19	26:30	55:03	1:25:18
7:30	16:00	26:00	54:01	1:23:42
7:21	15:42	25:30	52:58	1:22:05

16千米	半程马拉松	25千米	全程马拉松
2:36:38	3:28:01	4:10:24	7:18:42
2:27:56	3:16:27	3:56:29	6:54:19
2:19:14	3:04:54	3:42:35	6:29:57
2:17:29	3:02:35	3:39:48	6:25:04
2:15:45	3:00:16	3:37:01	6:20:12
2:14:00	2:57:58	3:34:14	6:15:20
2:12:16	2:55:39	3:31:27	6:10:27
2:10:32	2:53:20	3:28:40	6:05:35
2:08:47	2:51:02	3:25:53	6:00:42
2:07:03	2:48:43	3:23:06	5:55:50
2:05:18	2:46:24	3:20:19	5:50:57
2:03:34	2:44:06	3:17:32	5:46:05
2:01:49	2:41:47	3:14:45	5:41:12
2:00:05	2:39:28	3:11:58	5:36:20
1:58:21	2:37:10	3:09:11	5:31:27
1:56:36	2:34:51	3:06:25	5:26:35
1:54:52	2:32:32	3:03:38	5:21:42
1:53:07	2:30:14	3:00:51	5:16:50
1:51:23	2:27:55	2:58:04	5:11:58
1:49:38	2:25:36	2:55:17	5:07:05
1:47:54	2:23:18	2:52:30	5:02:13
1:46:10	2:20:59	2:49:43	4:57:20
1:44:25	2:18:40	2:46:56	4:52:28
1:42:41	2:16:22	2:44:09	4:47:35
1:40:56	2:14:03	2:41:22	4:42:43
1:39:12	2:11:44	2:38:35	4:37:50
1:37:28	2:09:26	2:35:48	4:32:58
1:35:43	2:07:07	2:33:01	4:28:05
1:33:59	2:04:48	2:30:14	4:23:13
1:32:14	2:02:30	2:27:27	4:18:20
1:30:30	2:00:11	2:24:41	4:13:28
1:28:45	1:57:52	2:21:54	4:08:36

1.6千米	3.2千米	5千米	10千米	15千米
7:13	15:24	25:00	51:56	1:20:29
7:04	15:05	24:30	50:54	1:18:52
6:55	14:47	24:00	49:51	1:17:15
6:47	14:28	23:30	48:49	1:15:39
6:38	14:10	23:00	47:47	1:14:02
6:29	13:51	22:30	46:44	1:12:26
6:21	13:33	22:00	45:42	1:10:49
6:12	13:14	21:30	44:40	1:09:13
6:03	12:56	21:00	43:37	1:07:36
5:55	12:37	20:30	42:35	1:05:59
5:46	12:19	20:00	41:33	1:04:23
5:37	12:00	19:30	40:30	1:02:46
5:29	11:42	19:00	39:28	1:01:10
5:20	11:23	18:30	38:26	59:33
5:11	11:05	18:00	37:24	57:57
5:03	10:46	17:30	36:21	56:20
4:58	10:37	17:15	35:50	55:32
4:54	10:28	17:00	35:19	54:43
4:50	10:19	16:45	34:48	53:55
4:45	10:09	16:30	34:17	53:07
4:41	10:00	16:15	33:45	52:19
4:37	9:51	16:00	33:14	51:30
4:32	9:42	15:45	32:43	50:42
4:28	9:32	15:30	32:12	49:54
4:24	9:23	15:15	31:41	49:05
4:19	9:14	15:00	31:10	48:17
4:15	9:05	14:45	30:38	47:29
4:11	8:55	14:30	30:07	46:41
4:06	8:46	14:15	29:36	45:52
4:02	8:37	14:00	29:05	45:04
3:58	8:28	13:45	28:34	44:16
3:53	8:18	13:30	28:03	43:27

16千米	半程马拉松	25千米	全程马拉松
1:27:01	1:55:34	2:19:07	4:03:43
1:25:17	1:53:15	2:16:20	3:58:51
1:23:32	1:50:56	2:13:33	3:53:58
1:21:48	1:48:38	2:10:46	3:49:06
1:20:03	1:46:19	2:07:59	3:44:13
1:18:19	1:44:00	2:05:12	3:39:21
1:16:34	1:41:42	2:02:25	3:34:28
1:14:50	1:39:23	1:59:38	3:29:36
1:13:06	1:37:04	1:56:51	3:24:43
1:11:21	1:34:46	1:54:04	3:19:51
1:09:37	1:32:27	1:51:17	3:14:58
1:07:52	1:30:08	1:48:30	3:10:06
1:06:08	1:27:50	1:45:43	3:05:14
1:04:24	1:25:31	1:42:57	3:00:21
1:02:39	1:23:12	1:40:10	2:55:29
1:00:55	1:20:54	1:37:23	2:50:36
1:00:02	1:19:44	1:35:59	2:48:10
59:10	1:18:35	1:34:36	2:45:44
58:18	1:17:26	1:33:12	2:43:17
57:26	1:16:16	1:31:49	2:40:51
56:34	1:15:07	1:30:25	2:38:25
55:41	1:13:58	1:29:02	2:35:59
54:49	1:12:48	1:27:38	2:33:33
53:57	1:11:39	1:26:15	2:31:06
53:05	1:10:30	1:24:51	2:28:40
52:13	1:09:20	1:23:18	2:26:14
51:20	1:08:11	1:22:05	2:23:48
50:28	1:07:02	1:20:41	2:21:21
49:36	1:05:52	1:19:18	2:18:55
48:44	1:04:43	1:17:54	2:16:29
47:52	1:03:33	1:16:31	2:14:03
46:59	1:02:24	1:15:07	2:11:36

其他距离比赛的完赛时间。你不用拿配速和距离乘来除去，表里直接就有预估的"等价成绩"。举个例子，根据表中数据，如果你5千米跑23分钟，那么你全程马拉松的成绩应该是3小时44分13秒。因为配速根据距离的增加会变慢，所以这个表给出的是你在更长距离的比赛成绩。你可以用短程比赛的成绩，折算一下更长距离的成绩。这个跟配速表还是有区别的，别弄混了。

如果你没有比赛时间可用，另外一个选择就是去跑道上完成"场地测试"。为了完成测试，先需要进行一个简短的热身，就像你在任何实质练习前做的一样。然后，在一个稳定、努力的配速尽量快地跑1.6千米。冷身之后，把这个时间代入比赛等价表，看看合理的全程马拉松目标是多少。参加比赛的距离越长、测试的时间越长，预估的全程马拉松成绩也就越准。所以半程马拉松的成绩远比1.6千米测试成绩要准，也就一点都不足为奇了。预估合适目标的办法，最好就是多测几次、多测几种距离，看一下算出来的时间范围。我知道有几位跑步者不能用短距离的成绩做预测，因为从5千米到半程马拉松的成绩都很接近最好成绩。每一位跑步者都是与众不同的，所以如果你能多测几次各种距离，你就能更精确地预测马拉松完赛成绩。不管你的目标时间是多少，一定要在力量跑训练之前选一个，这时大部分针对马拉松的训练已经结束了。时间目标会基于实质练习的情况，给你一个切实的具体时间。

调整目标

比赛等价表的确有帮助，因为有些跑步者发现训练的时候需要调整目标时间。如果你高估了自己的能力，你就会知道你需要更长距离的节奏跑和力量跑。当你费力地按比赛配速完成13千米节奏跑的时候，你就应该知道如果以相同的配速在比赛当天完成后面的29千米会很累。在这种情况下，最好还是稍微调整下目标时间，这样你在比赛的时候才会更有自信。

在另一种情况下，有些跑步者希望在开始实质练习的时候，把目标定高一些。可能你一开始觉得3小时30分是合理的目标，现在你觉得3小时15分才更合适。这种情况很棘手。尽管我们鼓励跑步者追求自己的最大极限，但我们不希望逼着他们陷入失败。如果你在训练中过分热心，你过度训练和受伤的风险就增加了，这意味着你也许根本参加不了比赛，至少不能完赛。如果你在训练开始的时候满意你最初的目标时间，为什么要危害训练到如此境地呢？特别是随着比赛日的临近，贸然增加训练量会变成一场灾难。永远都要铭记：宁可稍微练不到，也不能练过了。实际上，许多情况下最伟大的战斗就是安全的、无病无伤地站到起跑线上。

目标的其他类型

除了你的总体时间目标以外，一路上你可能还会有很多其他小的目标。比如，许多尝试这套训练计划的跑步者的周跑量从来没有达到过50千米、60千米或80千米；你第一组递增的目标，就可以是简单地达到这些点。回看周跑量将是一个巨大的激励因素，特别是当你疲劳和审问自己何为初心的时候。当然，你也可以根据补充训练设置目标（下一章会讨论细节）。许多跑步者通过设置交叉训练、拉伸和抗阻力训练的目标找到了激励自己的动机。这些目标也许是普通到"不跑步的日子，也不能教一日闲过"，或者"每次练习之后都要拉伸"。你最终设置的时间目标有多高，这些变量就有多重要。

同样，你需要使用SMART目标策略设置你比赛日的目标，也可以设置其他小目标。记住，这些目标一定要具体、可衡量、可达到、与其他目标具有一定相关性、有明确截止期限。任何能让你集中注意力，对训练有帮助的目标都要这样。如果没有这些，跑步者就是瞎练，会把训练带入随意的怪圈。认真想一想你的目标，并通过设置小的目标来帮助你完成最终的时间目标。

第七章

补充训练

你应该已经知道了，要想跑一次最好的马拉松，你得做大量准备型的跑步。虽然如此，还是有其他的一些运动可以用来提升你的最佳表现，并预防伤病。这些运动包括交叉训练、灵活性训练和力量训练。因为你希望这些活动支持而不是阻碍你的训练，所以你就得认真学习一下需要做哪些补充工作。马拉松的准备是很难的，和开始练跆拳道或者举重完全是两回事。练一点点交叉训练、加一些灵活性和力量练习，可以提高你的马拉松成绩。这些类型的练习能让你抬高那些限制你跑步潜能的短板，还可以增加训练的多样性。

交叉训练

交叉训练吸引了大量体育媒体的注意，汉森马拉松训练法便采用了交叉训练，但是也做了一些限制。原因很简单：要想成为优秀跑步者的捷径就是多跑步。这个概念出自生理学的基本原理——特异性原则。它的意思就是你的身体会对某种特定的压力做出适应。尽管30分钟的游泳总体上来说会增加体力，但是它不会直接对跑步成绩有所帮助。

交叉训练并不是我们训练计划的主要组成部分，但是它可以在马拉松的准备过程中扮演小却重要的角色。最显而易见的原因，就是受伤以后的康复期可以做这些训练。如果你发现自己受伤了，交叉训练可以帮助你更快恢复。交叉训练通过一些减轻重量的运动来增加流向伤病区域的血流量，以加速组织的恢复。此外，交叉训练还能帮助维持心肺功能，要想重新跑步少不了心肺的支持。毕竟，只坐在沙发上等着身体恢复可不是一个好方法。

受伤时做交叉训练的关键，就是找到一项运动尽量能模拟跑步的状态，比如用椭圆机或骑行台。划船机诚然可以让心肺的练习更多，但关键是上半身的训练对跑步的肌肉帮助并不大。根据受伤的具体情况，指导解决的方案应该是多种多样的。比如，如果你脚骨折了，骑自行车只会加重病情。因此一定要了解清楚运动是不是会影响到受伤的区域，避免任何可能会导致疼痛的活动。

另一个例子，就是我们会在不跑步的那段时间推荐进行交叉训练。比如，在每个马拉松之后，汉森—布鲁克斯长跑项目的跑步者都默认有两周的时间是不跑步的。42.195千米砸在地面上对跑步者还是有影响的，特别是对第一次跑这个距离的人。两周的空隙期可以给跑步者一些时间来复原受损的肌肉，并恢复精神，为下一个比赛做好计划。交叉训练提供了一种方法来加速恢复，既能继续燃烧热量，又不损失马拉松训练中所获得的体能。

我们最后一个推荐交叉训练的原因，是给初级跑步者一种方法从简单开始切入这项运动。对于从来不跑步或者从不锻炼的人来说，他或者她就有能安全跑步多少天的限制，至少也得能开始训练吧。一开始，这个时间也许是一次15分钟，每周两三天。在这种情况下，把其他的日子用其他的训练方式充实起来就很重要了，不管是椭圆机还是自行车，甚至是走路也可以。整体的体能提高了，这些交叉训练的日子就可以逐渐被跑步替代了。对于大部分真正的初级跑步者而言，需要好几个月的时间才能把训练时间转换到每周跑五六天。

我们总是告诉跑步者，我们的训练计划里使用交叉训练的方式是考虑之前的运动经验，直到完成马拉松以后才开始新的锻炼。你也许在训练中感觉很好，也请把这种热情带到锻炼中去。你因为准备马拉松，身体已经承受了足够多的压力；加一项新运动只会增加受伤的风险，让你的注意力不集中。跑步者们一般想在周三加入交叉训练，这天是不跑步的休息日。骑自行车和"普拉提"健身操在其他几乎所有情况下对健康都是有好处的，但是这些运动对跑步而言没什么用，还有潜在的害处，可能会阻碍伤病的恢复。如果你好多年都是骑车上班，那么不需要什么原因，务必继续下去。在这种情况下，你的身体早已经适应那种运动了。如果骑车的路程很长，那就考虑一下在实质训练的那几天坐公交去吧。如果你在马拉松训练之前就已经是普拉提铁粉了，就应该减少上操课的时间，但是并没有必要完全不做普拉提。只是需要铭记，在完成全程马拉松之前不要开始什么新的锻炼项目。

另外一个决定用不用进行交叉训练的，就是你自己的身体。如果你很难从跑步训练中恢复过来，那么最好还是别加入补充训练。另外，如果你觉得过度训练了，用交叉训练替代跑步也不是一个好办法。如果真的过度训练了，完全休息一天得到的益处反而会更多，第二天你再跑步的时候才能感觉满血复活。

我们偶尔也会遇到这样的跑步者，他或她声称因为没法跑更多而想做交叉训练。在把他们送到椭圆机上替代跑量之前，我花了一些时间观察他们跑步时的配速、所穿的鞋子、参加的比赛，以及其他有可能妨碍他们跑步的事情。事实往往跟训练有关；偶尔一个人看起来不管做什么都不能适应跑量。如果你身处这种状况下，请往后退一步再看看马拉松目标好的一面和坏的一面。如果你发现你真的跑不了那么多的量，那么你也许还没有准备好跑全程马拉松，也就是说它现在还不是你的菜。即便如此，这些年来我们还是遇到过很多跑步者，他们跑量都不大，但长距离跑的比重很大，很难让身体保持健康。而接受汉森马拉松训练法指导的跑步者跑量适中，长距离跑的总量也适中，因此比上述跑步者的状态要好得多。

灵活性

尽管拉伸自从20世纪70年代的慢跑热潮以来已经和跑步这项运动紧密连接在了一起，但这个话题还是比预想的要复杂得多。灵活性就是指一个关节能静态活动（不是动的）的最大范围。一个人的关节活动范围越是灵活，他或她的肌肉就越容易拉伸、越有弹性，也就越不容易受伤。但这还意味着肌肉产生的力量不如弹性较小的肌肉。想象一下弹力强人阿姆斯特朗玩偶（一种橡胶玩具）吧，你越是拉它的胳膊，它看起来就越羸弱。一样的道理，你的肌肉越是拉伸，弹力也就越小。这就是动作的主动活动范围很重要的原因。这种类型的灵活性是通过一系列主动的运动表现出来的，目标就是跑步用到的关节和肌肉。为了做适当的灵活性训练，你必须理解这两种拉伸之间的区别，并好好地利用它们。尽管科研领域这些年有不同的看法，但最新的证据建议最好还是找一个点兼顾主动（动态）拉伸和静态拉伸。对于提高成绩和预防伤病来说，在合适的时间做合适类型的拉伸无疑都是很重要的。

动态拉伸

这种灵活性训练包括有节奏的运动，来做全范围的伸展动作。这些动作都是经过精心筛选的，也都是可控的。有一种主动拉伸通常被叫作"弹振拉伸"，步调很快，动作有弹性，可让关节的活动超过动作的自然范围。这是十分危险的，会把你置于受伤的风险之下，所以我们一般不建议做弹振拉伸。动态拉伸则不然，主要关注适当的体位和动作，可以在合理的参数内帮助主动地增加活动范围。在速度跑、力量跑或者节奏跑之前做热身的时候，动态拉伸可以给跑步者带来多个方面的好处。第一个也是最重要的，即动态运动减少了肌肉的僵硬程度，也就相应减少了肌肉受伤的风险。它还可以放松肌肉，不用拉伸到减少力量的程度，帮助身体做好准备以便跑得更快。实际上，动态拉伸可以切实刺激到快肌和中间状态的纤维，而这些肌肉在传统的跑步训练中通常被忽略掉了。这种拉伸的另一个好处是它会影响大脑的训练，因为肌肉、肌肉纤维和神经系统都要同步协调。

　　最好把动态拉伸加到日常训练中去，在高强度练习前热身1~5千米，然后做几组动态拉伸。做不超过10~20分钟的动态拉伸之后，很容易提高整个练习的质量。选几个你喜欢的动作，来用什么顺序都行。

1. 摇臂

站立，双脚与肩同宽，顺时针摇晃手臂呈圆形，在身体两侧模仿螺旋桨叶的动作。不要让胳膊超过胸部，后背保持竖直，膝盖略弯。重复6~10圈之后，从身体一侧摇过胸前，来回重复此动作6~10组。这些动作将帮助你放松上半身的大肌群，让上半身在跑步中更加高效。这特别有好处，因为跑步者在跑的过程中胳膊和肩膀一直是有张力的，会影响到步幅。

2. 侧弯

站立，双脚与肩同宽，双手放在臀部，平稳地从左向右倾斜，注意不要前后歪。随着身体的倾斜，将对侧的手举起至头顶上方。重复16~20次。这个弯曲的动作会协助维持脊柱的活动度。

3.臀部绕环

站立，双脚与肩同宽，双手放在臀部，用臀部画圆。在舒适的前提下，尽量倾斜，并尽量向前后送臀部。逆时针做10~12组，然后反向做另外10~12组。通过打开臀部，这个动作可以让你的步幅范围更大。

4.半蹲

站立，双脚与肩同宽，双手放在臀部，或者水平伸直放在身前。如图中所示弯曲膝盖，然后慢慢伸直双腿恢复到站立姿势。重复10~12次。半蹲可以帮助腿抬得更高一些。腿抬得越高，自然步幅就会越大，从而避免拖地和低效动作。

5.踢腿

身体左侧靠墙一臂距离站立，将身体重量放在右腿上（外侧腿），左手放在墙上。像钟摆一样前后摇摆左腿，一共摇10~12次。变换位置，右腿摇同样的次数。

6.摆腿

面向墙站立，双手放到墙上，在身前摆右腿。向左摆到最远处，然后向右摆到最远处，全程要保持舒适的状态。做10~12组，然后换腿。

7. 慢跳

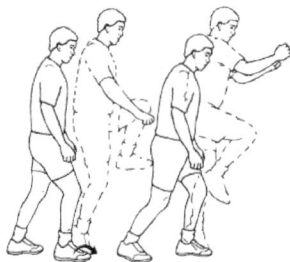

慢跳（单腿左右连续交换）30~50米，或者10~15秒。然后转身跳回起始位置。

8. 高抬腿

找一条直线，一边慢跑一边把注意力放在将膝盖抬向胸部，以行进方式前进。注意将膝盖向胸部抬，还要考虑胳膊合适的摆动节奏，以配合对侧的膝盖运动。合适的胳膊姿态应该弯曲90度，前后移动，就像安在肩膀上的钟摆一样。上下的运动应该速度很快，但是向前的运动应该稳定且有控制。继续向前，30~50米之后转向。

9. 踢臀

这个动作跟高抬腿是相反的，把你的脚后跟快速向后拉，直至踢到臀部为止。再次提醒，这个动作应该是非常快的，但是前后动作要保持一条直线，而且要稳定。跑30 ~ 50米，转身继续踢臀，回到初始位置。

10. 卡里奥卡舞

这是巴西的一种舞蹈，是最复杂的身体协调训练方式。你可以采用站立姿势，胳膊垂直于躯干，或者要是想更舒服一点，也可以让胳膊弯曲垂在身体两侧。双脚与肩同宽，向左移动，让右脚在左脚后方，将左脚踏到身侧。然后将右脚交叉放在左脚前方，第二次将左脚踏到身侧。基本上，双腿彼此交叉的时候骨盆也在扭动，同时躯干一直保持竖直状态。这样行进30~50米，转身继续这些动作，直至回到起点。

11. 垒球游戏

除了不是把膝盖抬高到胸部以外，这个动作跟高抬腿很像，关键在于后腿用力蹬，把身体推向前方。这个动作同时混合了慢跳和高抬腿的一些特点。行进30~50米，转身继续这些动作，直至回到起点。

12. 冲刺

在你常规拉伸动作的最后，可以用接近100%的力做4~6组75~100米的冲刺跑。如果有风，冲刺的时候要顺风跑，准备下一次冲刺之前顶风慢跑回来。每个冲刺不能超过15秒，所以要是速度慢的话，75米就够了。

第5~12个动作是肌肉管控训练。通过主动管控肌肉，刺激神经肌肉连接，你首先可以让身体准备好快跑，其次特定的跑步运动会有助于身体的发展，最后多激发神经肌肉连接可以让快肌和中间态肌肉纤维作为马拉松后半程主要的优势力量，那个时候慢肌已经没有力气了。

静态拉伸

当大多数人谈"拉伸"的时候，他们指的都是静态灵活性。跟动态拉伸不一样，静态拉伸是以站姿或者坐姿完成的，而且不用活动的动作。多年以来，跑步者在训练和比赛中都是做静态拉伸的。具有讽刺意味的是，这种时候最不应该做这种活动，因为拉伸肌肉太多会减少肌肉力量的产生。拉伸多了，肌肉失去了弹性，也失去了力量，还让你容易有肌肉撕裂的风险。即便如此，你的训练里依然为静态拉伸留有位置；你需要做的就是了解什么时候做静态拉伸，以及具体怎么做。

现在越来越多的研究都认可，运动后的静态拉伸是一种伤病预防的手段。比如，腓肠肌发紧与前足的旋前有关，导致胫骨和腓骨（小腿的骨头）内旋，其结果就是通常被称作"外胫夹"的疼痛。再具体一点，这种不灵活会导致肌腱炎、应力性骨折、阿基里斯肌腱疼痛和膝盖的问题。灵活性差还容易导致骨盆前倾，下背部产生过度的曲线。这导致了下背部肌肉的过度紧张，容易造成背部的伤病。

交叉训练和动态拉伸可以定期做，有规律地做静态拉伸也可以避免这类问题。记住，研究表明需要至少有3周的"定期"拉伸，才能有明显的进步。这意味着每天都要做这些活动，有的时候甚至是一天两次。

只要长期坚持，静态拉伸练习就会帮助你获得并维持更好的整体灵活性，加速伤病恢复，优化跑姿，同时放松肌肉、增大活动范围。

下面的拉伸是应该在跑后做的，每个动作都要保持20秒、1~3组。永远不要拉伸疼痛的部位，也不要让肌肉颤抖起来；同时，让每个动作慢一些、自己能控制住。这些拉伸应该和每天的日常训练结合起来，跑步后做10~15分钟。如果你跑完有急事要去处理，那么稍后或者晚上做静态拉伸也都是可以的，但是千万别在跑前做。

1. 下背部

背部朝下平躺在地上。两条腿都蜷曲向胸部，将手放在膝盖后面，把膝盖拉近胸口。这个动作拉伸后背部的长肌，跑步的时候可以连接骨盆和肩胛骨。

2. 肩部

正直站立，双脚与肩同宽。将右臂放平置于身前，这样胳膊和躯干就是垂直的。左手放在右臂胳膊肘上（或者是稍稍靠上一点，接近肩膀的位置），轻柔地将右臂拉向左侧。对左臂重复同样的动作，肩膀上的拉力会感觉更大一些。因为许多跑步者累的时候会向上耸肩膀，所以跑姿会比较差。如果你的肩膀一开始就很紧，就会影响到胳膊摆动的方式，也会影响到你跑步的效能。

3. 胸部

正直站立，面向一扇打开的门，双脚与肩同宽。为保持平衡，一只脚应该比另外一只脚略微向前。胳膊向侧面伸直（你看起来应该像一个大写的字母T），将上臂放到门框两边的墙上，手掌与墙接触。向前倾斜身体，直至你感觉到胸肌和肱二头肌柔和地拉伸。许多跑友胸部的肌肉非常紧，那会导致上背部弯曲（像驼背那样）。这种拉伸能帮助跑友预防不良跑姿，提高跑步效能。

4. 腓肠肌

开始姿态是单脚或者双脚都远离墙站立，向前倾斜上身，双掌于身前抵在墙上。左脚位置固定，左腿弯曲；右脚向后滑30厘米，右脚跟应该一直踩在地上。随着胸部接近墙壁，轻微弯曲右腿来拉伸另一条腓肠肌。以同样的动作拉伸左腿。增强腓肠肌的灵活性可以帮助你预防潜在的旋前和肌腱问题。

5. 臀肌

背朝下躺在一块又平又软的地面上。弯起左腿，膝盖指向天，但脚还是平踩在地面上。接下来，弯曲右腿，将脚踝放在左腿膝盖上。右腿应该和左腿互相垂直。将双手在左大腿后侧环扣住，将左腿膝盖向胸口拉，在舒适的范围内拉得越近越好。接着重复另外一条腿。

6. 腹股沟

重心靠右站立，双脚比肩略宽。用下蹲姿势降低右臀，弯曲右腿的同时保持左腿打直。为了保持平衡，如果你愿意的话，可以将双手放在右膝。你可以感觉到左腿内侧的拉伸。换边，重复此动作。

7. 腘绳肌

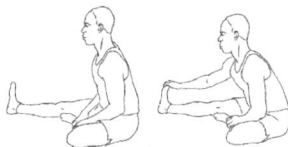

坐在又软又平的地面上，双腿伸向正前方。弯曲左膝，让左脚底板贴到右大腿的内侧。右腿应该笔直伸出，只是膝盖略弯。上身慢慢从腰部开始向前压，这样拉伸才是针对腘绳肌群的，而不是上背部。右腿重复此动作。

8. 臀屈肌/股四头肌

左腿向前踏一大弓箭步。右膝与地面接触，左膝应位于左踝正上方。保持躯干直立，把臀部向前送，让左膝超过左踝，右膝处于臀部后方。这个拉伸作用于右臀的臀屈肌和股四头肌。换边，重复此动作。

9. 臀部

坐在地上，左腿伸向前方。弯曲右腿，跨过左腿。右脚放置于左腿外侧。接下来，将左臂的肘关节放在右膝的外侧（右侧）。右手支撑在身后地上，放在靠近臀部的位置。最后，将右臂当作杠杆向右腿用力，上身转向右侧。另外一侧重复此动作。

第5~9个拉伸动作的目的都是相同的。骨盆这个部位的肌肉都是起保护作用的，但是它们也会限制动作的范围。如果这些肌肉非常紧，自然的步幅长度就会缩短，从而导致跑步经济性的损耗。让这些肌肉保持灵活，让动作的范围更自由，你就能最大化自然的步幅长度。

力量训练

力量（抗阻力）训练是有些跑步者会选择使用的一种补充锻炼方式，增加力量会对跑步做出很多方面的贡献。第一个也是最重要的，就是帮助改善跑姿，特别是上半身的姿态。因为肌肉越强壮，保护能力就越强，还能预防伤病。此外，力量训练通过训练身体在耐力比赛的后期用更多快肌，还能够帮助跑步者与疲劳相抗衡。

很多练习都属于力量训练的范畴，包括前面章节描述的那些动作、核心肌肉训练和徒手动作。我听说很多跑步者都不愿意做力量训练，因为他们害怕"长块儿"、害怕增重。实际上，你的体重才没那么容易增加很多呢！如果做了正确的动作、正确的量，一般的跑步者根本用不着担心增重问题。

要想把力量训练加到跑步计划中，其实有很多种选择。然而，我们的基本哲学包括3个主要的思想：① 力量训练和跑步是互补的，举重或其他力量练习永远替代不了跑步；② 力量训练可以提高弱项、修正肌肉不平衡和跑姿，从本质上讲能帮助你提高成绩；③ 力量训练是短的、简单的，否则你在长期复杂的力量训练中做了大量重复性的动作，花费了你珍贵的时间，而这些时间本应花在你真正的目标——跑步上。我们知道许多跟着我们这套训练计划练的人都有全职工作，还有很多其他职责。因此，我们给你的这些动作都很简单，可以自己完成，不需要健身伙伴或什么高端的设备。只要从这些动作里挑两三个，在轻松跑之后做就可以了。

1. 卷腹

背部向下躺在地上，双膝弯曲，双脚平放在地上。收缩腹部肌肉，让躯干卷起。这很重要，因为很多人用到了腿部蹬地和卷起的力量把身体带起来，而这样的动作并不会让身体做出我们期望的功。我们应该做的是，把注意力放在腹部收缩的小运动上。其实，整个卷腹过程中的动作也许只有十几厘米而已。训练计划开始几周内，你就可以从3组、每组10次开始，逐渐增加到3组、每组25次。在那个时间点，就可以或者增加组数，或者增加每组重复的次数。其目标是加强腹部的力量，这对于维持跑姿和姿态很关键。强壮的腹部可以让你更容易把骨盆聚拢在身下，因为身体姿态更好就可以增长步幅。

2. 背部伸展

面朝下趴在地上，将大部分的体重放在胃部。伸直双腿，打开约肩宽，然后伸直双臂至头部正前方。这时你的手指到脚趾应该是一条直线。最后，收缩下背部肌肉，摆好肩膀的姿势，这样你整个后背部就都拉直了。保持两三秒，然后放松。重复此动作12～15次。跑步期间，每次脚落地，后背部都吸收大量的力。后背部越强壮，就越能处理好这个过程。

3. 超人

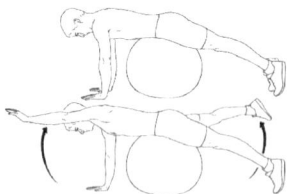

"超人"与背部伸展这个动作类似，但是与处于静态位置简单地收缩后背部肌肉不同，即你得举起一只胳膊和对侧的腿。面朝下趴在运动球的顶上，将左胳膊和右腿同时举起（举同侧的话，你会从球上面滚下来）。这个动作同时加强了上臂、臀部和后背部的力量。每次收缩保持一两秒，然后放松。每侧重复此动作12~15组。有一个强壮的上背部意味着肩部不容易下垂，从而让跑姿和上半部分身体的跑步动作更优化。

4. 桥式

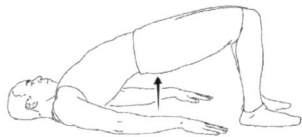

背朝下躺在地上，两条腿弯曲，脚跟着地，收缩臀部、背部和腘绳肌的肌群。当动作到位以后，你就可以从弯曲的膝盖到头呈一条直线。也就是说，只有肩膀和双脚才与地面接触。每次收缩维持1~3秒，重复12~15组。如果这个动作变得简单了，你就可以尝试单腿版本，即一条腿弯曲，另外一条腿伸直，抬离地面（弯曲的腿还是收缩的）。这个动作可加强臀部和腘绳肌群，跑步的人经常是股四头肌很发达，而这两部分的肌肉较弱。这个动作还能拉伸"著名"的髋屈肌。

5. 侧平板支撑

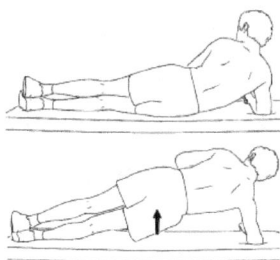

身体右侧着地趴下。弯曲右臂，肱骨或者肩膀与肘之间的骨头作"支撑"，前臂与身体其余的部分是垂直的。右脚贴在地面上，左脚放在右脚上方，将身体抬离地面。身体中段不要下垂，也不要弯腰。再提醒一次，不管从哪个方向看，身体都应该呈一条直线。保持这个姿势10~20秒，时间越长你就会越强壮。这个动作可帮助你平衡腹部前方和侧面的力量。

这些力量练习，共同组成了全面介绍阻抗力训练的章节。你可以考虑加一些到你跑步之余的时间中，几周后你肯定会发觉有哪些不同的。跑步会花费你大量的时间，力量训练则会快很多，也简单得多，对于提高成绩、防止伤病有潜在的功效。

第八章

马拉松营养学和补水

因为你从事的是马拉松训练，所以就一定要懂一些基本的营养学和补水原则，这对你取得成功具有重要意义。俗话说得好，唯有跳出臭皮囊，才能低头看得破。简单点说，当你给身体以正确的养料时，训练和比赛才能得到支持。因此，永远都不要低估能量和补水的基础的重要性。我们在这里给出的都是一般性的建议，如果你有特殊的问题，一定要去询问医生或者体育营养学家以便针对你个人进行指导。

马拉松营养学

刻苦的训练需要考虑营养的3个重要方面：消耗足够的热量、消耗正确的热量、在正确的时间消耗热量。一旦你这3个问题都清楚了，你就走在一条为训练和比赛打好基础的正确道路上。

消耗足够的热量

马拉松训练是一项大工程，你的热量需求将会和不活动的时候或者做一般训练的时候不一样。摄入适当的热量，你就会维持健康的体重，并很好地支持你的训练。如果缺少很多热量的话，就会破坏你的训练和成绩，导致过度训练或者伤病之类的问题。害怕吃太多的运动员，也会是感觉精疲力竭或受伤的人，通常在早至刻苦训练的第六周就会察觉。

如果你想在马拉松训练期间减一些体重，现在还不是吃低热量餐的时候。一般来讲，就算饮食没什么大的改变，长期的刻苦训练也会让体重变轻一些。记住，为了首先完成训练，你的身体需要合适的能量来保持状态和坚持跑步。

节食或严重的热量限制（比如减少1 000卡路里或更多）将会极大地阻碍训练，因此应该避免这样的情况发生。这样不健康的饮食将无法让你每天都跑出最佳状态，当然也会让比赛成绩下降的。

计算热量需求

这里有两个快速计算的公式，能让你知道每天需要多少热量（技术书籍一般用千卡作为单位，但是我们这里用卡）。这些公式简单易用，可以精确地给你指导范围，告诉你基于自己的体重和训练级别到底摄入多少热量合适。

1. 轻量和适量活动（平均每周45~60分钟的适量活动）

   体重×（8~10卡）/千克=每天消耗的热量

2. 积极活动（平均每周60~120分钟的适量活动）

   体重×（10~12）卡/千克=每天消耗的热量

例如，一个体重75千克的人每天轻松跑60分钟：

   75千克×32卡/千克=2 400卡
   75千克×40卡/千克=3 000卡

可见，这位跑步者每天消耗的热量在2 400~3 000卡。我们在这里提供两个公式和预期值，是因为你在长距离跑的日子要消耗的热量比短距离、轻松跑的日子要多得多。以跑的距离作为指导来选择等式，这样你就能知道在特定的日子所消耗的热量。不要过分执着于这些数字，它们只是给你一个笼统的概念，告诉你应该消耗多少热量而已。时间长了，你就会自己估算大概要摄入多少热量，而不需要总是套用公式计算了。

我们为各种年龄和水平的跑友提供过服务，我们发现大部分人都高估了他们应该消耗的热量。通常情况下，男士应该用公式范围的中上部，女士应该用中下部。经常有年长的跑友问我们："我年纪大了，是不是消耗的热量就变少了？"再强调一次，一般情况下，男士20岁以后每长一岁就要减少10卡的热量消耗，女士每长一岁则减少7卡。这个建议的数字基于大量人口的生理学调查，因为年纪越大久坐的时间就越长。如果一生始终维持高强度的活动，那么热量消耗的变化就会非常小。

当然，这仅仅是一些数字而已。表8.1提供了一个总体的概念，可让你知道自己摄入的热量应该拆分成健康的、适合跑步者的饮食中。它会给你宏观的理解，知道每天要有多少热量从哪些食品种类中获得。随着你开始训练，额外的热量会从你训练主项前、中、后摄入的运动饮料、能量棒、能量胶中获得。轻松跑的日子并不需要太多营养，更长的实质练习（13米以上）是完美地将比赛日补给计划落地的阶段。在这些更针对马拉松的练习中，你有机会决定什么样的能量胶、咀嚼糖、豆子或饮料最能帮助你的跑步。

表8.1 根据热量水平提供的饮食建议

	1 800卡	2 000卡	2 200卡
谷物	310克	340克	370克
水果	2杯	3杯	3杯
蔬菜	2杯	2杯	2杯
牛奶/酸奶	2杯	2杯	2杯
蛋白质	170克	170克	230克
脂肪	4汤匙	4汤匙	5汤匙

注：此改编得到了莫尼克·瑞恩的授权，原出处为《耐力运动员的运动营养学》第三版。（2012）

消耗正确的热量

知道该吃多少只是一方面。你也许会问了，不是所有的热量都等同吧？看数字也许一样，但是吃700卡大鱼大肉的快餐，和吃700卡自己家从当地菜市场买来的食材做的饭，效果肯定不一样啊！本章后面的部分会讨论应该吃什么食物，什么时候吃最好。但首先还是让我们看看我们身体摄入能量的3大来源：碳水化合物、脂肪和蛋白质。它们都非常重要，正确地摄入合适的量就会让我们每天的身体状态都很好。

碳水化合物

谈及马拉松营养，碳水化合物绝对会占统治地位。因为确切地说，你吃的东西60%~70%都是碳水化合物。过去的这些年，媒体对它恶评如潮。因为有些人在咱们国家掀起了一些饮食的潮流，特别是低热量饮食法。其结果就是，这种信息往往误导了人们。坦白地讲，我们不否认周围很多人都有肥胖过度的症状，这对国民健康和国家经济造成了很大的负担。碳水化合物也真的为这个问题"贡献"良多。但是也要注意：有两种碳水化合物，一种是简单的，一种是复杂的。当锻炼消耗碳水化合物的时候，只有其中一种对人的健康是不利的。简单的碳水化合物来自精制的谷物、苏打饼干、糖和其他处理过的食物，复杂的碳水化合物来自蔬菜和粗粮，如燕麦和糙米。这两种碳水化合物在耐力运动员的饮食结构里都扮演着重要的角色，会直接影响成绩，但是你应该关注水果、蔬菜和粗粮。更多地关注复杂碳水化合物，你就会得到所需的能量，以及

2 400卡	2 600卡	2 800卡	3 000卡
410克	440克	450克	480克
3杯	3杯	3杯	4杯
3杯	3杯	3杯	3杯
2杯	2杯	2杯（牛奶） 1杯（酸奶）	2杯（牛奶） 1杯（酸奶）
230克	255克	280克	280克
5汤匙	6汤匙	7汤匙	7汤匙

大量重要的维生素和矿物质。

　　碳水化合物之所以是耐力运动员日常饮食的必要组成部分，有以下几个原因。从成绩的角度来看，碳水化合物的利用比脂肪和蛋白质更快。这也是为什么运动强度增加以后，碳水化合物就成为唯一在达到最大摄氧量以后让身体可以持续通过厌氧系统获得能量的养料来源；同时，脂肪只是在低强度时才用得到，蛋白质则是在碳水化合物储备耗尽时才起作用。碳水化合物还容易促进水分的吸收，所以当你在长距离跑的时候摄入液体时，碳水化合物就会帮助更快清空胃，让身体更高效地利用水分。这意味着液体和碳水化合物就能更快达到最终的目的地，而它们越快达到那里，你就越不容易耗光能量、越不容易"撞墙"。

碳水化合物对锻炼的重要性：
- 提供能量，特别是在高强度运动时
- 帮助水分吸收
- 大脑和神经系统的主要能量来源

碳水化合物还是大脑和中枢神经系统的主要能量来源。在比赛后段，感觉模糊或者不能集中注意力一般是因为糖原（碳水化合物）存储被快速地耗光了。更重要的，是碳水化合物在新陈代谢中扮演的角色。也许你听说过一句老话，"脂肪在碳水化合物的火焰里燃烧"。基本上，如果限制了碳水化合物的摄入，也就限制了燃脂的能力。尽管这个理论还没有得到科学的证明，但它还是说明了这个过程或者叫途径。碳水化合物和脂肪产生能量的过程是一定程度上的共生或者是副产品，这对于脂肪的新陈代谢是必需的。就我了解到的来说，主要的过程仍然会发生，但是20%的过程就莫名其妙地停掉了。或者我们可以指出，在高利用率的情况下，脂肪能量的新陈代谢依靠碳水化合物的出现。你能从中学到的就是，一件事情并不能取代另一件。正因为碳水化合物是有限的资源，所以它也最容易从循环中被破坏掉。总之，碳水化合物的储备非常有限，每天补充满是异常重要的。碳水化合物是我们推荐的日常饮食，因为没有碳水化合物，你就不能持续训练，也就跑不好马拉松。

除了所有这些重要的功能外，碳水化合物储备在跑步成绩方面扮演着举足轻重的角色。实际上在肝脏、肌肉和血液里，一共存储了大概相当于2 000卡热量的碳水化合物。当你进行相对适量的运动时，你的身体就利用这些碳水化合物储备；但是当强度增加的时候，这些物质的消耗就会特别快。从图2.2中你可以看到，在60%的强度下，一般人消耗脂肪和碳水化合物的比率大概是各占一半。因为我们碳水化合物的储备很有限，而马拉松配速是在最大能力的60%~80%，你会看到如果我们每1.6千米消耗100卡路里，那么至少每1.6千米50卡路里是来自碳水化合物的。解释得更复杂一点，即身体首先消耗的是肌肉中的碳水化合物（糖原）储备。肌肉加起来一共存储了大约1 500卡的养料，但是只有真正用到那条肌肉才会消耗其内的糖原；而且，我们的身体不允许一条肌肉"借"用另外一条肌肉的糖原。比如，股四头肌不能从斜方肌那里取走糖原。所以，如果跑步需要股四头肌更努力地工作，它就会消耗相关的糖原储备，而股四头肌不能从不怎么工作的斜方肌借走没有被用到的糖原。所以，就算你肌肉里总共有相当于1 500卡的糖原储备，你也不能全部使用上，而能用到的糖原则更少。

在这些糖原里，储存在肝脏中的主要是供给大脑和中枢神经系统。在血液中的糖原总量比肝脏中的还要少，所以不要指望它能支持你多久。实际上，当你在马拉松比赛中"撞墙"的时候，你依赖的是血糖支持跑步肌肉的运作，这意味着这时你已经没有能量可用了。坦白地说，合适的碳水化合物消耗是训练计划营养的基础。没有这些基础模块，你的身体就不能承受如此大的跑量和如此高的强度。

脂肪

脂肪是平衡饮食的必要部分，特别是我们身体里有大量脂肪储备。如果你限制脂肪摄入的话，要么是你吃得不够多，要么是你每天被迫吃其他营养品。因为每克脂肪的热量几乎是每克碳水化合物的两倍，很少的脂肪就会让你有饱腹感。脂肪还会参与细胞膜和脊柱神经索组织结构的形成，也会直接影响成绩。最后，脂肪可以帮助身体吸收维生素A、D、E和K，而这些对健康也特别重要。

脂肪对锻炼的重要性：

- 与碳水化合物相比，能量的来源更广
- 随着体能的增加成为更好的养料来源
- 帮助必要维生素的吸收
- 参与细胞结构

除了对整体的健康有贡献，脂肪还对马拉松训练和跑步成绩有裨益。随着你耐力的增强，肌肉里的线粒体就会生长得更加密集，因而让你有机会生产更多的有氧能量。这时脂肪和碳水化合物都能被更好地利用。一旦训练强度达到85%以上，身体里就没有足够的氧气来燃脂了，所以碳水化合物就成为最主要的能量来源。好消息是，一般人会在最大强度的60%左右开始消耗碳水化合物，长期的耐力训练则可以将这个百分比提高几个点。

这意味着你的身体可以在碳水化合物接手供能之前，在更高的强度下燃脂。从实际操作层面来看，你就有能力跑得更快、更远。尽管如此，我们仍然不需要摄入大量脂肪。最好的结果就是，你的饮食要有20%的脂肪来自各种食材，包括坚果、鱼、种子、牛油果、低脂肪的肉类和其他来源的饱和脂肪。

蛋白质

蛋白质应该是日常食物最小的组成部分，为10%~15%。它的功效主要是修复跑步后受损的肌肉，还可以作为一种能量来源。但是当你到了不得不使用蛋白质储备的时候，它就是你还能坚持跑步的最后一道防线。此外，蛋白质协助生成体内的酶、抗体和荷尔蒙，还是血液中维生素、矿物质和脂肪的载体。最后一条也相当重要，蛋白质帮助维持细胞内和细胞外体液的平衡。因为血液内一定量的蛋白质能管控组织和汗液中水分的平衡。如果没有这个机制的话，跑步的人就会陷入体液流失的严重状态，还会因为大量汗液流失造成电解质失衡。那样会造成肌肉痉挛、身体不协调，或其他病症。

蛋白质对锻炼的重要性：

- 肌肉组织的再生和修复
- 管控水分平衡
- 在血液里运送荷尔蒙、维生素、矿物质和脂肪
- 生成酶

在锻炼过程中，只有一小部分时间对蛋白质有需求。但是作为一名马拉松跑步者，它修复的能力是最重要的。时间就是一切。锻炼后如果能和碳水化合物一起摄入蛋白质的话，就能减轻肌肉的损伤、加速恢复。最重要的是，蛋白质能帮助保护瘦肌肉群，可以转化为更好的恢复，因此训练质量也会提高。当瘦肌肉群被保护和维护起来，碳水化合物就有更多的机会被存储起来，这样瘦肌肉群就能在时间拉长的锻炼中提高能量利用率。在极端情况下，蛋白质也可以作为能量来源使用；但是，蛋白质来自于跑步肌肉，这是你身体开始慢慢分解的信号。如果你的能量补给是正确的，脂肪和碳水化合物将会帮助你提供完成马拉松所需的能量，剩下的蛋白质只负责协助比赛后的恢复。

营养学小知识

（1）没有理由不摄入碳水化合物，大部分碳水化合物都是复合的。

（2）适度地摄入脂肪是没有问题的，特别是来自种子、坚果和鱼肉的脂肪。

（3）瘦蛋白质帮助生成和保存肌肉组织，如果必要的话，还可以提供能量。

（4）基本上，只要你平衡饮食，你就走在通往好的跑步成绩的路上。

马拉松补水

人体的三分之二都是水，这使得补水的重要性对跑步者的成绩来说等同于营养补给。在耐力跑比赛中，即便是轻微的汗液流失对成绩的影响也会让你吃惊的。研究表明，即便是水分储备2%的流失，或者说68千克体重的人流失了1.5千克汗水，也会使成绩降低。因为汗液的流失率在干冷的天气时可以达到每小时0.5~1千克，湿热情况下会怎样你就可想而知了。由缺水带来的身体上的反应是分很多层面的。其中许多影响源于损害心肺功能，比如增加心跳、减少每搏量和心脏的输出能力。就像第二章我们讨论过的生理学细节中描述的，所有这些都会影响跑步者的最大摄氧量，因而也会影响配速。事实上，68千克体重的跑步者流失3%的汗液，就意味着4%~8%有氧能力的下降。

除了与心肺功能有关，缺水还会带来其他几个问题。首先，削弱了身体散热的能力，身体温度会上升。这不但会对你的成绩泼冷水，还会增加患上严重与热相关疾病的风险，比如热衰竭和中暑。另外一个症状则是肠胃疾病，这会让你喝不下更多液体，导致问题更加严重。除了可能受伤，还有可能造成电解质失衡。电解质对肌肉的收缩至关重要，缺少电解质会造成抽筋、身体虚弱，还会造成神经和肌肉之间的传导阻滞。此外，下降的最大摄氧量还会让你高速用尽糖原储备。如果这还不够严重，缺水甚至会导致认知感觉受损，这意味着你都没有能力到路边停下来。

汗液流失率 顾名思义，就是一个人每小时产生的汗液总量。一般的度量单位是每小时多少克。

我们可不是吓唬你，但我们还是要强调一下补水的重要性。当你决定摄入多少液体合适时，请把下面这些会影响到体液流失的因素也考虑进去。

外界的高温环境。天气越热，当然就出汗越多，这一点儿也不足为奇。

高湿度。在有些情况下，湿度会极大地影响汗液流失，远比空气温度要厉害。例如，在2008年北京奥运会的马拉松比赛中，温度很高，但是湿度不高。所以，所有参赛运动员的完赛时间都要快一些，包括创造了一项奥运会纪录。

然而，两年前的日本大阪世界锦标赛的马拉松比赛，当天的温度与2008年北京奥运会差不多，但是湿度大很多，比赛的成绩就下降得很厉害。如果你贴身穿的衣服不是快感导汗的材质，你身体周围的湿度等级就会增加。

　　身体表面积。块头更大的跑步者散热的能力就更高，但是他们也增加了吸热面积，特别是在炎热的天气下。基本上，你块头越大，就会越热，出汗也就越多。

　　运动员的身体条件。经过良好训练的运动员，会比训练一般的运动员有更好的散热潜能。一名经过训练的、已经适应了高温环境的运动员，会比没怎么训练过的运动员出汗要少得多。

　　最初的补水状态。如果一名运动员在比赛前已经轻微缺水了，那么他或者她会比补好水的运动员更早达到脱水的临界点。

　　了解体液如何流失非常重要，你还希望知道哪些因素会影响液体的吸收？那就是，当我们摄入液体以后，液体是怎么从胃里跑到血液里去的？我们在哪里才能用到呢？让我们从碳水化合物开始讲起吧。本书之前就提到过，碳水化合物可帮助水分的吸收；但是，不同类型的碳水化合物吸水率也不一样。因为碳水化合物从微观上看就是分子的链条，那么链条越长，在胃里存在的时间也就越久。科学家已经能够捕捉这个过程的内在机理了，运动饮料的生产商就在他们的饮料中加入两种链长的碳水化合物（通常就是葡萄糖和麦芽糖）。一旦摄入这些饮料，短链的碳水化合物就能够快速吸收、立刻使用，长链的碳水化合物就会在较长的时间内辅助维持吸收。

　　你在某个时间段内消耗的体液总量，也会影响吸收率。尽管一次摄入大量液体会吸收得更快，但很显然，你可不想马拉松比赛时在水站一口牛饮好几杯水吧？相反，应该在比赛的准备期多喝一些水，比赛前一天和当天早上要少喝一点。别忘了，液体的温度也会影响吸收的。休息的时候看起来没什么不同，但是在训练的时候，凉一些的液体会更快离开胃部，与室温接近的饮料更容易被高效利用。记住，胃是分解食物的器官，实际的吸收和利用则发生在小肠里。

　　虽说你不太可能控制马拉松比赛的温度，但是你可以影响其他跟吸收相关的因素，比如出发时的补水状态。一旦你跑起来，就再也没有机会纠正补水状态了。如果你第一千米的时候缺水了，那么你整个比赛都会持续缺水。假如你已经有所亏欠，那么缺水自然的天性会让你更难"赶上"的。类似的，你跑得越快，身体吸收液体到血液中就越难。因为血液都从非关键的功能区移走，直接送到了运动的肌肉中去了。你身体中的血液不是在小肠和胃里，而是被送到了下肢去干携氧的活了。除了跑步过程中吸收液体的生理学难度以外，还有物流上的挑战。所有在10千米配速下喝过水的人大概都经历过，洒在身上的水比真正喝下去的水多多了。

对于马拉松成绩来说，监测补水状态跟训练的其他方面一样重要。你的补水状态将会在轻松跑、实质训练和比赛日支持你，让你保持身体健康，能够坚持训练。同样，有规律的训练也是十分重要的。当你能够掌控合适的营养和补水方案的时候，训练就能更完美。在开始阶段也许需要更多的关注，但是时间一长你的判断力就能提高了，你的与补给相关的基础知识也能得到扩展。

我们花了好多时间讨论补充能量和补水与比赛日的关系，这些因素在训练期间也是同样重要的。合适的补水，每天都有明确的作用。与其说好的补水是指训练前几个小时，还不如说是指训练后。同样的道理，碳水化合物也需要在训练过程中消耗和存储，这样你才能一直跑下去。就像长期的碳水化合物消耗一样，长期的缺水也会影响成绩。类似的，蛋白质会在各训练之间帮助组织修复，让每次训练都尽量有效。所以，就算是在轻松跑的日子，也要合适地补充水分和能量，为下一次跑步做好准备。

低钠血症

尽管有不少媒体最近几年都在关注低钠血症和马拉松，但这个话题还是挺阴郁的。一旦血液里的钠和水失衡到某种程度的时候，这种情况就会发生。当一名跑步者流失了大量的汗液，同时还在不停地喝大量的水时，就会有出现这种状况的倾向。因为钠负责神经脉冲和一部分肌肉的功能，这种状况表示体内出现了不平衡。低钠血症有3种：总体钠正常型，这时候体液增加了，钠维持不变；总体钠增加型，这时候体液和钠都增加，但是水的增加更快；总体钠减少型，这时候钠和水都减少，但是钠减少得更快。在所有这3种情况下，血液中的钠浓度都被稀释了。这就好比把一瓶佳得乐喝了一半以后，倒进去半瓶水，浓度就降低了。

低钠血症的后果十分严重，会影响到大脑和肌肉的功能，甚至会导致昏迷和死亡。然而除了危险以外，避免低钠血症的清晰指导原则并不容易得到。最后，谨记适度的补水方案也是重要的。要坚持如下准则。

（1）如果训练时间超过一个小时，饮用运动功能饮料。

（2）知道你训练的出汗率，摄入足够的液体。尽管大多数人替换65%~80%流逝的体液，但是有些人喝得比这还多。

（3）在恢复期，关注含电解质的液体。有很多种为日常补水提供低碳水化合物的、不同口味的饮料。

吃什么、喝什么、什么时候吃、什么时候喝

锻炼前

锻炼前几个小时是补充营养和水最难的时候，特别是想要早起跑步的人。最理想的状况是在准备跑步前一个小时起床吃一点东西，我们理解忙碌的跑步者高度重视睡眠。当考虑锻炼前或者比赛前的日常安排时，你必须权衡与时间相关因素的利与弊。如果你为了跑步早起一个小时吃东西，而不得不把睡眠时间缩减到五六个小时以内，不用担心什么。你可以在上床前吃一顿健康零食，然后多睡一会儿。我总是跟跑步者说，在实质训练的日子要特别留意锻炼前的补给，因为能量的损耗会让配速和成绩打折。轻松跑的日子还好一些，因为你不需要那么多的能量来完成练习。如果你不早起跑步的话，就有更多种补充能量的选择了。典型的例子就是，你准备锻炼的时间越多，就应该吃得越多。因为你的锻炼确定了，最需要吃的目标也就确定了。换句话说，碳水化合物和饮料，不需要胡吃海塞。表8.2就规定了锻炼前进食的基本原则。

表8.2 　　　　　　　　　　锻炼前进食的原则

锻炼前时间	选择	进食内容
3~4小时	正餐	碳水化合物，脂肪、蛋白质
2小时	零食	碳水化合物、蛋白质
1小时	液体	碳水化合物
5~10分钟	液体或者能量胶	碳水化合物

注：试验各种饮食和进食时间，找出最适合你的方案。

锻炼中

为整体的补给计划进行一定数量的测试、犯一些错都是必要的，但在训练中进行跑中测试也是至关重要的。如果这一切都正确进行的话，你就可以避免脱水和用尽珍贵的碳水化合物储备。因为你在马拉松比赛中会自己补给，所以你可以在超过一个小时的锻炼中实操一下喝水和补给。你也许在艰苦的训练中不得不强迫自己吃东西、喝东西，但你的身体在比赛日那天会感谢你的。不过，与简单的热量和补水方案相比，也许并没有特别大的成绩提升。

毫无疑问，补水会在训练和比赛中给你最大的快感。不仅仅是因为液体能帮助维持血液总量水平，而且运动饮料还能提供关键的热量，同时你并不用在计划中特意加入另一个组成部分。你的汗液流失率可能是变化的，但平均就是一小时流失2~4磅的样子。如果体液得不到补充，肌肉收到的氧气就会减少，蒸发的热量也会变少，副产品（乳酸）就会堆积更多。还有其他几个后果，其中一个就是身体试图通过更快的心跳来进行代偿。因为脱水造成的体重减少每增加1%，心跳每分钟就会增加7下。而且，因为脱水造成的体重减少每增加1%，速度就会下降2%。可见，马拉松已经够难的了。最后一件你需要做的事，就是心脏跳快一点儿、步子迈慢一点儿。在4分钟55秒1千米的配速下，1%的体液流失（0.5~1千克）就会造成配速2%的下降，换算成时间就是每千米慢3秒。如果你速度下降2%~4%（这是常事），4分钟55秒1千米的配速会变成8分20秒左右，期间的差别就是：完赛成绩一个为3小时29分，另一个则为3小时38分。

最新的研究表明（引用自Butler et al., Clin. J. Sports Med., 2006），如果我们只是因为口渴才喝水的话，只有68%~82%的流失体液可以得到恢复。这些学者认为，身体是把水分从分子里"拉"出来作代偿，自然形式的水是通过燃烧脂肪或者碳水化合物得到的，这是不同之处。这的确是存在的，学者们还讨论了这种想法的一个大缺陷。他们的研究显示，上述数字实际上可以因为汗液的流失达到3%之巨。问题是，根据他们的计算，如果我们在感到口渴之前一直不喝水，身体就已经脱水2.3%了。他们的课题对喝多少水没有限制，在实际中，你不可能不管什么时候都可以奢侈到能喝170~230克水的。当我第一次读这篇文章的时候，我想我们之前跟大家说的也许都是错的。然而，随着我们进行了更多的试验，我发现我们的补水策略仍然是合适的，与真实情况、耐力跑比赛的环境也是相匹配的。下面的内容是一般性的补水原则，推荐给各位跑友一读。

早点开始。在跑步的前10~20分钟，或者是在第一个水站喝水。如之前提到的，口渴感会是一个很好的指征。但是在马拉松比赛中，你不可能很快喝足够多的水来补偿身体的亏欠。

每15~20分钟喝170~230克水。在训练中，你需要随身带一定量的水，或者提前按位置放好。在比赛中，喝水站的水和运动饮料就够了。在大部分比赛中，都会每隔3千米左右设置一个水站。

- 别忘了在跑步和比赛的早期，更容易喝下去更多水。如果你在早起喝更多水，又能经常补水的话，你的储备就能保持满格。这会让胃部最快变空，也就意味着你会更快吸收水分、电解质和碳水化合物。

- 按口喝水。一口基本上就是28克，所以喝4~6口试试。

- 别喝太多。狂饮好几杯水只会让你不舒服。

提前做好计划。如果你计划喝比赛中官方提供的运动饮料（或者能量胶），最好提前问清楚具体会提供哪种产品，以便在平时的锻炼中加以试用。

跑中的营养补给原则和补水原则大抵相同。能量胶是最流行的补充能量产品，但是也有其他备选方案，比如吃咀嚼糖也是一种快速补能量的办法。葡萄糖片是糖尿病患者用于升高血糖水平的药，这也是一种方案；葡萄糖片可以在嘴里溶解，是一种碳水化合物的快速来源。运动饮料会在你的总体摄入里增加宝贵的热量，缓和从固体食物里消耗能量的需求。
我们建议：

锻炼的时候，每一小时消耗30~60克碳水化合物。

- 你比赛的时间越长，消耗的能量就会越多。4小时以上的运动，每小时都要摄入60克碳水化合物。

- 227克的运动饮料能提供50~80卡的能量。

- 能量胶能提供25克碳水化合物。

每小时摄入200~300克能量。

- 如果你每20分钟喝230克运动饮料,你每小时就能获得大概195卡的能量。这对于大多数跑2小时以内的跑步者来说足够了。

- 除了液体和能量胶,有些跑步者还会选择其他类型的食物以提供能量。这取决于个人的喜好。

- 如果你吃能量胶或类似的东西,要用水送服,而不是运动饮料。

- 每30~45分钟,一只能量胶就可以提供足够的热量。

除了身体上的支持以外,精确计算过的能量补给计划也能在你心里的虚拟马拉松比赛中起到重要作用。前奥运会选手,也是汉森–布鲁克斯长跑项目团队的成员布莱恩·赛尔(Brian Sell),就在2005年国际田联赫尔辛基世界锦标赛的马拉松比赛中运用了这个策略。因为那天天气很潮湿,他知道自己会比平时出更多汗,所以补给方案会助力他成功。在比赛的后半段,布莱恩一直跟自己说"跑到下一个水站就好了"。他不断念着这个咒语,想象自己的能量水平在每个水站都得到了提升。除了给工作的肌肉补给之外,他还让自己不断补水,并不间断地激励自己前行。

锻炼后

锻炼后能量的补充对你下一次锻炼质量的影响,跟运动前的补给一样重要。你营养方案的这一部分是最容易实施的,所以千万不要忽视它的重要性。当我们说到做到时,合适的运动后补给将会帮助你从跑步中恢复过来,并维持好的状态。我们建议你在运动后遵循如下计划。

刚锻炼完的15~30分钟是最重要的。

• 体重每减少一千克，就需要5杯水来补充。要想知道跑步的时候会流失多少体重，就在训练第一周的跑前和跑后各量一次体重。随着时间的推移，你就能估计出跑步以后你需要喝多少水了。查看附录B中的汗液流失计算器，来了解你的具体需求。

• 锻炼后应该立刻摄入50~100克碳水化合物。我们格外推荐血糖指数高一点的食物，因为它们会更快进入血液并输送到肌肉中去。从本质上说，血糖指数是指食物的吸收率等级。食物越快被吸收，血糖指数就越高。

可以尝试下面的食物。

香蕉

橙汁

运动饮料

玉米饼

燕麦片

烤土豆

煮胡萝卜

面包

豆子

冰激凌

锻炼结束的30分钟之后2小时内，最好吃一顿饭。 燕麦片、涂有花生酱的百吉饼和麦片粥都是很好的选择，其他包含大量健康碳水化合物和一些蛋白质的食物都会加速肌肉的修复。另外，像巧克力奶这样富含蛋白质的饮品也很好。

提前计划好。 如果你开车去公园参加跑团的训练，带一些东西过去，以便锻炼完直接吃。不要等回到家再吃，要尽早启动补给过程。到马拉松比赛日那天为止的补给计划，所有的艰难功课都已经做完了，你训练的量和强度都回落了，所以要花一点点时间调整好营养方案。接下来就是比赛前最后几天的一些处事小贴士。

最后一周

• 尽管你已经减少训练量了，也要确保维持正常的饮食，以避免任何大的变化。

• 饮食的70%应该是碳水化合物，主要成分是复杂碳水化合物和淀粉。肌肉增加的存储能力可以让所有亏空都补足。研究显示，完全恢复糖原储备后，耐力可以增加20%。

• 体重的增加现象说明你做对了，所以要是你胖上那么一两磅的话，根本不用担心，甚至增重5磅都是正常的。你也许会感到一点点倦怠，这在赛前减量期也是正常现象。谨记，现在还不是减少热量摄入的时候。每存储1克碳水化合物，就需要消耗3克的水，比赛日那天你需要这些储备。

• 整周都要补水。不要等到比赛前一天，才临时抱佛脚。

赛前一天

• 每一顿零食和正餐都要喝健康饮料。将水和运动饮料混合，比只喝水要好。

• 避免吃易产生气体的食物，更不要吃让肠胃不适的食物。

• 不要吃高纤维食物。

• 不要吃糖替代品。

• 限制饮酒。

• 睡前吃一点零食，比如没有黄油的爆米花、涂有花生酱的百吉饼或能量棒。

比赛日的早晨

- 比赛开始前几小时，主要的目标是将能量储备打顶，补好水。

- 碳水化合物的消耗遵循如下原则。

  比赛前1个小时：总计50克
  比赛前2个小时：总计100克
  比赛前3个小时：总计150克
  比赛前4个小时：总计200克

所以，如果你在开始比赛前4小时吃东西，总量应该是200克碳水化合物；如果你在比赛前3小时吃东西，总量则是150克，依此类推。因为大多数马拉松都会很早鸣枪，所以大多数跑步者会落在提前2 ~ 3个小时的时间窗口。

- 吃东西和开赛时间究竟隔多久好，这个完全取决于个人的习惯。一定要记住，要是你起太早吃东西，吃完就去睡回笼觉。如果你的胃比较敏感，睡前吃一点零食更好。

- 平衡打顶储备也属于放长线钓大鱼的事。如果你比赛日的时候已经补给好了，就不用担心什么最后吃多少的劳什子问题。

比赛日能量补给策略

马拉松比赛当中吃多少、喝多少的问题非常重要，怎么强调都不过分。这意味着一个令人印象深刻的个人最好成绩，和甚至不能完赛之间的差别。当我们谈到比赛日营养和补水的时候，两个主要的目标应该是最小化体液的流失和维持碳水化合物的摄入。

如果要深究怎么吃、吃什么的话，有几个因素是应该被考虑进去的。首先，热量支出跟你跑步距离的相关性高过与配速的相关性。尽管速度快的跑步者在较高的强度下锻炼，但他或者她跟相同体重、速度慢的跑步者消耗的热量其实是相同的。是的，跟配速关系不大，跟体重关系才大。简单点说，每千克体重、每千米就要消耗1卡的热量（1 cal/kg/km）。量量你的体重多少很容易，我们也知道全程马拉松的距离是42.195千米，所以算算比赛的时候要消耗多少热量就很简单了。

例如：68千克重的跑步者

$$热量消耗=42.195 \times 68.18=2\,887卡$$

这2 877卡既包括脂肪，也包括碳水化合物的热量。为了计算出比例，你必须考虑运动的速度有多快。因为你跑得越快，消耗的碳水化合物就会越多。对于初级跑步者来说，标准的马拉松配速通常是最大摄氧量的60%，高级跑步者会达到70%，精英运动员可以达到80%。这些信息已经足够给你一个总体概念了，你可以知道碳水化合物和脂肪的消耗会是什么比例。查看表8.3，看看在不同跑步强度下碳水化合物和脂肪合适的混合比例。

表8.3　　　　　　不同跑步强度消耗碳水化合物和脂肪的比例

最大摄氧量	碳水化合物	脂肪
60%	55%	45%
70%	65%	35%
80%	75%	25%

下一步就是计算出每千米消耗多少热量了。还是以之前在比赛中消耗2 877卡热量的那位跑步者为例。要计算出每千米消耗多少热量，用2 877除以42.195就可以了。结果是大概每千米68卡。从现在开始，我们就可以计算每千米消耗碳水化合物的范围了。如果是60%的话，那折合率就是68 × 0.55，也就是每千米消37.4卡的热量；如果是70%的话，折合率是68 × 0.65，每千米消耗44.2卡；最后如果是80%的话，碳水化合物消耗就是每千米51卡。将这些数值和跑步者准备跑的配速相结合，从碳水化合物而来的总体热量消耗就会是：

（37.4、44.2和51）卡/千米 × 42.195千米，

范围就是1578～2152卡。

之间的差距有600卡，这看起来好像没什么，实际上就等于多带了6个能量胶（每个有100卡热量）。这还说明，在比赛中按一个合适的强度跑有多么必要。就算是每千米只快几秒钟，合起来的时间也不少了，从而会让你的恢复赶不上碳水化合物的亏空速度。虽然我们希望你马拉松比赛当天根据自己的能力高标准、严要求，但是有些风险不能冒。

尽管我们已经算过所需碳水化合物的范围，但还是不能知道你具体替换了多少，这在很大程度上取决于你运动的肌肉的储备总量是多少。虽然肝脏也存储糖原，但那里的糖原首选是供给大脑和中央神经系统的，所以你最好别打它的主意。久经训练的运动员每克肌肉里都存储了大概80卡的能量，但是这部分糖原只能本地使用。换句话说，你胳膊里的糖原，腿用不了。男性腿部的质量平均占体重的21%，女性占20%。有了这个信息，我们就可以算出潜在碳水化合物的存储究竟有多少了。为了计算需要，我们的体重是以千克为单位的，乘以20%或者21%来计算腿部的质量。算出这个数以后，乘以80卡/千克，就是你的平均糖原储备。表8.4和表8.5就罗列了男性和女性在不同体重情况下的潜在碳水化合物存储。

例如：68.18千克×21%=14.32千克

14.32千米×80卡/千克=1 146卡

碳水化合物储备的潜在能力（为跑步所用）

以68.18千克为例，我们发现这位跑步者跑步时的能量储备是1146卡。我们还知道，这位跑步者完成整个比赛需要消耗1 578~2 162卡的热量。根据我们已经提供过的原则，这位跑步者可以设计一套综合方案出来，让潜在的能量储备在比赛中维持并发挥最大效能。谨记这套能量替代计划会帮助你达到终点，但是没有必要一直让身体处于饱和状态。马拉松训练和比赛的营养是最优化那些储备的办法，也是让你不撞墙就能跑完全程马拉松的办法。

与大部分饮食原则和建议类似，这些数字都是针对普通人而言的。一名跑步者，如果非常健壮、精瘦、浑身都是肌肉、慢肌纤维比例高的话，储存能力就很高。就算不考虑跑步者的个体差异，所有的跑步者也都应该小心从事。如果你的胃能够忍受这热量，那么就没有理由不消耗它。在比赛日之前预演补给方案的重要性，我们再怎么强调都不过分。你应该遵循这些准则，并很精确地知道在这42.195千米中什么时候补给、吃什么、喝什么。

表8.4　　　　　　　　　　　男性的潜在碳水化合物储备

体重	腿部肌肉质量	碳水化合物存储
65千克	14千克	1 092卡
70千克	15千克	1 176卡
75千克	16千克	1 260卡
80千克	17千克	1 344卡
85千克	18千克	1 428卡
90千克	19千克	1 512卡
95千克	20千克	1 596卡
100千克	21千克	1 680卡
110千克	23千克	1 848卡
120千克	25千克	2 016卡

注：男性腿部肌肉中的潜在碳水化合物储备约占总体重的21%。

表8.5　　　　　　　　　　　女性的潜在碳水化合物储备

体重	腿部肌肉质量	碳水化合物存储
45千克	9千克	720卡
50千克	10千克	800卡
55千克	11千克	880卡
60千克	12千克	960卡
65千克	13千克	1040卡
70千克	14千克	1120卡
75千克	15千克	1200卡
80千克	16千克	1280卡
85千克	17千克	1360卡
90千克	18千克	1440卡

注：女性腿部肌肉中的潜在碳水化合物储备约占总体重的20%。

第九章

马拉松装备

　　正如马克·吐温的经典名句"人靠衣衫马靠鞍"，我们延伸开说成"马拉松跑步者靠装备"也一点不过分吧。除了错误的训练以外，不合适的装备——特别是跑鞋，可以说是最常见的导致伤病成因。那是对的，跑步本身并不容易造成伤病，相当多的错误常常发生在训练中。这是件好事情，因为如果你拥有的、能让自己保持健康的知识足够多的话，大多数伤病就可以避免。

　　鞋是你生物力学的延伸。的确有少数人拥有教科书般标准的骨头和肌肉，但可惜不是你。大多数跑步者都至少有那么几个不完美的方面会让他们陷入受伤的境地，比如一条腿比另一条腿略长一些、足弓塌陷或者骨盆力量薄弱。这就是鞋之所以会出现的原因。穿一双合适的鞋，跟训练得好和吃得正确一样重要。为了帮助你选鞋，我们会讨论步幅的生物力学、脚型和鞋的各种组成部分。读完这一章以后，你应该准备好去就近的跑步用品专卖店，咨询下专家，选择最适合你的鞋。

跑步步幅生物力学

　　要选出一双合适的鞋，必须考虑几个方面。一方面是鞋和地面之间的作用力，也就是落地。一个相关的考虑因素，就是每一步落地你的脚停在地面上的时间有多长。对落地来说，其目标简而言之就是最小化制动力（它只会让你减慢速度，让你的身体震颤），但是让身体向前的力最大化可不是这么简单的。落地对于成绩来说，似乎并没有特别大的影响；但是从长期来看，落地好与不好绝对有大不同。以5千米比赛为例，30分钟跑完的跑友落地将是5 400下。如果把每次落地的时间减少百分之一秒的话，5千米的完赛时间就能快整整一分钟。以此向外推算到全程马拉松，如果你的落地更高效的话，就能提高好几分钟的成绩。

尽管有一些关于落地生物力学的真理已经被广泛接受，但究竟具体是哪个部位落地——足跟、中足还是前掌才最好却依然存在着很多争议。对所有的争论而言，这个领域的相关研究实在少得可怜，这方面的成果因此应该格外关注，但其中很多结论都是推测的。比较可信的研究中有一份是长谷川2007年发表的《力量与调节》（Hasegawa et al., J. Strength and Conditioning, 2007 [21], 888 - 893），研究了在一次半程马拉松比赛中精英运动员的落地模式。其结果显示，75%的人都是足跟落地，24%的人是中足落地，只有1%的人是前掌落地。还有一点应该注意，前50位完赛的选手有60%都是中足落地的。身为运动生理学家，我还发现很多跑步者采用的是另外一种方式：在质量重心的正下方，足跟和中足几乎同时落地。这种落地方式，应该有它自己的分类。

　　因为这些研究从某种意义上来说并不怎么可靠，甚至落地的分类都有这么多种，所以看看脚落地的时候相对于你的身怎样远比哪个部位先着地会更有成果些。跑步者们所犯最大的错误是试图增长步幅。这经常导致步幅过大，也就意味着你会脚跟落地，产生刹车的动作，让双腿不得不吸收更多的震动。同时会增加你与地面接触的时间，因而配速也会变慢。如果你一直把落地的点放在身体的中心下方，你就能避免这些问题。

　　当然，这个问题的答案在学术界尚无定论，我们只是建议大家在训练中自己体会，而不是过分拘泥于纠正自己已经自然形成的跑姿。也就是说，有几个关于落地的实践小贴士也许能帮助你跑得更高效。第一，就像我们建议的那样，避免步幅过大。不要采用像怪兽那样的步伐，想着用股四头肌抬升双腿，每一步都将小腿拉到股四头肌下方、地面上方的位置。这会让你落地的部位位于重心下方，而且正好是足中落地。为了更高效地落地，另外一个你能优化的变量就是跑姿。当你听到教练告诉学员要"跑得高一些"时，那意味着要把肩膀往后拉，腰要略微弯一点；肩膀不要下垂，让整个躯干和头保持一条线，像根杠杆一样。略微地前倾会让你的跑姿不过火，看起来不致像行军队伍中的乐队指挥一样。记住，你的骨盆应该在你的中心下方，你脚落地的部位也要在身体下方，而不是身体前方。

足型

除了每一步落地的方式以外，脚的实际形状在选鞋环节也起着重要作用。

人类的脚有很多种形状，最主要的有3种：平足弓、高足弓和正常足弓。通过在汉森跑步商店这些年的教练和工作经验，我们发现扁平足尽管不常见，但绝对是问题最多的一种足型。除了足弓更平以外，扁平足还经常伴随着脚踝向另一只脚方向内旋的现象。跑步的时候，有这种足型的人，脚的外侧更容易先着地，随着落地的过程，脚和脚踝开始向内旋（旋前），这也叫"过度内翻"。需要提醒大家注意的是，适度的内翻是正常现象，因为脚天然就会以内旋来减少震动、将身体蹬离地面。然而，一个过度内翻的扁平足跑步者内旋得更加严重，很容易引发一些过度使用造成的伤病。主要的问题在于这位跑步者的脚太灵活了，将足落地砸向地面的重击缓冲掉了，但是那一步蹬离地面、辅助身体前进的力也就变得很小了。这个多余的动作产生了脚、踝、膝盖的扭转力，造成了肌腱炎、足底筋膜炎和阿基里斯肌腱炎等问题。就像你可能猜到的那样，这种脚型需要一种非常特别的鞋来减轻这些问题，让扁平足跑步者也可以正常地跑步。

第二种类型的脚是高足弓，和扁平足的情况正好相反。有这种脚型的跑步者也是脚外侧着地，但一直到脚尖离地（脚尖把跑步者往前推、脚刚刚离开地面的那个时间点）前都保持外侧着地。扁平足有很好的自然缓冲，但是把身体推离地面的能力就比较差了。高足弓正好反过来，因灵活性较差，所以脚不能很好地吸收跑步强加在身体上的力。因为在脚与地面接触的过程中，所有的体重都承载在脚的外侧，就算是脚尖离地也不能享受全部的好处，因此这个动作也受限了。与过度内翻相反，这个动作叫作内翻不足（外旋），或者叫外翻。跟过度内翻一样，外翻也会造成同样的伤病，只不过成因不同。对有扁平足的人来说，旋转的力造成了伤病，外翻的人吸收冲击力的能力差正是其原因。此外，这种足型也许会导致很多髂胫束的问题。髂胫束是从骨盆连接到膝关节的一条长长的组织。

第三种足型介于前两者之间，足弓高度中等（中正）。尽管这经常被称为"正常足弓"，但并不是说这种足型最常见。实际上，这种足型是最少见的。有这种足型的幸运跑步者是足跟外侧的中部先着地，然后轻柔地滚动到中足，接着继续使用大脚趾，因此可以最大程度地发挥蹬离这个动作的力量。就算这种生物力学结构是比较好的，因为跑鞋的支持性太强或太弱，中等足弓的跑步者跑步的时候还是会有受伤的风险。就像我们之前说过的，每种生物力学的差异都有各自独特的挑战性，因此选择适合你足型的鞋异常重要。你需要精确评估脚型和对应的跑鞋分类，从跑步用品商店专业人士或者步态分析专家那里得到建议。你可以在家里做测试，确定你是哪种足型，但是这不一定都准。选鞋的时候，知道你的脚型很重要，但是理解跑步时脚的动作和其他生物力学的问题更重要。

鞋的结构

为了理解哪种鞋型最适合你的脚，你应该熟悉鞋的各个组成部分。其中，最主要的就是大底、中底、鞋楦、足跟稳定区域和鞋面。

大底

我们先从最下面的大底开始了解鞋吧，这部分也被叫作鞋底。前些年，鞋的大底除了提供牵引力外很少有别的功能，唯一的变化是具体用哪种橡胶而已。但是，现在大底应用了很多种新的科技。之前大底都是一块橡胶，现在从脚跟到前掌经常分成好多个不同的区间隔断，以减轻重量。除了橡胶以外，现在的厂商都更依赖新材料。比如二氧化硅，据称在潮湿环境下能提供更好的牵引力，对环境的接受度也更亲和。大底的科技也随着鞋履的进步得到整体提升，这意味着同样一双鞋可以让你跑更远的路。实际上，对大多数跑步者来说，中底在大底磨损完之前就已经报销了。

中底

从生物力学角度来看，中底是大部分动作发生的地方。最近几年，像乙烯-醋酸乙烯共聚物（EVA）和气垫这样曾经流行的中底材料被更有弹力、更轻、能生物降解的新科技所取代。缓震科技也进步了，让鞋可以更容易地吸收冲击力，最多延长15%的持续时间。

所有的中底都有缓震功能，但是支撑的方式多种多样，这取决于跑步者需要多少稳定性。有些鞋有高密中底，支撑性会更好一些，包括双密度和三密度的材质。这种类型的中底可以帮助过度内翻的脚保持更中正的位置，但是也会增加鞋的重量。不同型号的鞋包含不同量的这种材质，也会有不同的稳定性和重量可选。要想定位高密中底，你就要在中底内侧找一块儿灰色的区域。其他的片有时是为了增加额外的支撑，比如支撑片会让鞋更硬。一个人的脚内翻越厉害，他或她就越需要这些额外的零件。

当你买了一双好的跑鞋时，你的钱其实主要就是花在了中底上。除了要亲自上脚试试感觉来决定是不是该换鞋外，更重要的是考虑跑量有多少、中底的磨损有多厉害（一般一双鞋只能跑500~800千米）。除了所有这些科技进步以外，鞋也会内耗。随着中底"人老珠黄"，你就处在受伤的风险中了。

鞋楦

鞋楦，就是鞋的实际形状。鞋楦分3种：直楦、弯楦和半弯楦。这3种对应的都是不同的足型，以最优化控制运动。比如，直楦对于过度内翻的跑步者来说是比较合适的，因为它帮助扁平足跑步者对过度内旋动作进行控制，还能提供更好的蹬离。弯楦和直楦正好相反。弯楦并不对称，它在内侧也就是足弓的位置很明显有个弯。弯楦鞋通过提升一点点内旋，可以帮助外翻跑步者改善较差的自然缓冲。最后，半弯楦可以看作是介于直楦和弯楦两者之间的混合体；它适合中度（中正）的足型，适应自然的内翻。

足跟稳定区域

你从外面是看不到足跟稳定区域的，这个部件是环抱住足跟、减小脚踝动作范围的。因为有些跑步者需要这类控制，而有些却不需要，所以市面上有多种稳定性的足跟稳定区域，最灵活的鞋甚至没有足跟稳定区域。

鞋面

覆盖整个鞋顶部的轻量材质就是所谓的鞋面。它一般是由可呼吸的尼龙网材质做成的，可以让汗液蒸发、快干，让脚保持冷和干的状态。如果你住的地方气候寒冷，鞋面材质就应该有更多抗各种气候的功能，不让雪和泥巴粘在鞋上。你还能看到不同的鞋面鞋带也不一样，许多最新的产品能帮助紧缚足弓，以提供额外多一点的支撑。

跑鞋类型

尽管跑鞋的各种矩阵看起来无穷无尽，但它也是可以归类的。就像足型分

3种一样,跑鞋也大体分3类。即便如此,还有很多重叠的灰色区域,最近又有第4类甚至可能还会有第5类分法出现。我们会讨论如下的跑鞋类型:运动控制型、中正型、稳定型、超轻型和极简型。

运动控制型

这种跑鞋专为扁平足很严重的人而设计。标准的运动控制型跑鞋最上面是直楦,中底从足跟到足弓是双密度的,足跟和足弓下方有塑料的支撑片,足跟的稳定区域也比较硬。有了这些附加的部件,这类鞋绝对轻不了;但它们绝对称职,那就是能很好地防止过度内翻。

中正型

这类跑鞋最适合高足弓的跑步者。中正型跑鞋是在弯楦上加了缓冲减震层,中底不是双密度材料,足跟稳定区域几乎没有。这类跑鞋的目的是脚在不摇晃出可控范围的前提下,提供缓冲和灵活性。

稳定型

稳定型跑鞋适合位置中正或适度内翻的"正常"跑步者。鞋楦是标准的半弯型,有的有双密度中底科技,前掌比较灵活,缓冲足够,略有足跟稳定区域。这类跑鞋为跑步者提供很好的、不偏不倚的中间选择,使跑步者只需要一点点支撑,不需要牺牲缓冲功能。

超轻型

超轻型跑鞋已经问世很久了,现在也逐渐变成了主流,其江湖地位介于常规跑鞋和竞速型跑鞋之间。它跟轻量中正鞋类似,但是肯定没有支撑功能。对大多数跑步者而言,在训练中不会穿这种鞋。从实用的角度来考量,超轻型跑鞋跑不了多少里程就会废掉。超轻就意味着材料更少,耐久性、支撑性和缓冲效果就更差。因为这些,一般的跑友都会倾向于买更实用的鞋。但是,超轻跑鞋对于一部分跑步者来说还是很好的选择,尤其是在实质练习的速度和力量训练中使用。竞速鞋是超轻鞋的一个子项,属于超轻鞋的一种。跟之前已经提到过的原因一样,竞速鞋只适用于一些特殊场合,比如比赛中。竞速鞋的材料更少,寿命只够跑160~230千米。

极简型

因为极简跑鞋在行业内的争议很大，所以还是值得花一点时间来解释一下，这样你就可以自己决定是不是买一双飞速发展的极简鞋试试了。极简鞋几乎不能为脚提供任何缓震和保护功能，让你感觉自己像在赤足奔跑一样。这类鞋最近几年也招致了不少恶名，推荐穿这种极简鞋的话往往会引发很多歧见。从奥运会级的教练到周末的勇士，看起来每个人都有自己的想法。一开始，汉森兄弟并没有打算卖流行的极简鞋，至少没打算卖那么多，因为他们觉得这只不过是一时的潮流，而且人们不怎么听专业人士的指导。用户买这样的鞋，是因为它们很轻、很酷、时尚。尽管鞋盒子上通常会给出一些建议，让用户从零开始慢慢加量，但人们总是一拿到鞋就迫不及待地穿上出去跑个8千米玩玩儿。这样穿着极简鞋跑步一周以后，这些人就会因为受伤而停止跑步，最重要的是他们根本都不知道受伤的原因究竟是什么。

现在已经不可能忽视极简主义运动了，大多数跑步专业商店至少会库存上那么几双。为了帮助你确定这种鞋适不适合你，我们一起来审视一下极简鞋的起源和正反两方面的优劣对比。第一，你必须理解极简主义的前提，包括两个基本的思想：① 你已经穿过好多种鞋了，这些鞋你都穿得很舒服，没有受伤；② 通过穿相对轻的鞋，你足部的力量增强了，步幅也增大了。赤足跑的代言人往往会因为说我们的祖先生来都是赤足跑的，所以我们也应该回归大自然做同样的事。这里的核心词汇是"祖先"。这些人20年都不穿鞋，光着脚跑个16千米自然也就不算什么。我们现在的世界跟旧石器时代的先辈们相比差别太大了，我们从小就开始穿鞋，所以从穿鞋到赤足的转换适应过程还是很有必要的。大部分极简主义的拥护者建议用几个月的时间逐渐加量，让身体适应极简鞋。比如，要是你之前穿的是稳定型的跑鞋，你就不应该直接穿极简鞋，也许在真正达到极简或"赤足"鞋的境界之前，先穿轻量训练鞋过渡一下比较好。这样才会让骨骼和软组织逐步适应极简鞋。即便在你已经完全转换好以后，我们依然不建议天天穿这种鞋做常规训练，只需要作为训练的补充偶尔穿穿就可以了。

另一个争议是，跑步时的极简跑运动方式会不会因为鞋轻了而帮助你增强脚的力量。并不是有很多人对这个话题感兴趣，但应该审慎对待这个话题。对于那些穿过竞速鞋或钉鞋的人来说，特别是完成过速度训练的人，想象这天练完了以后小腿有多酸吧。穿极简鞋跑步就是会导致类似的牵拉，因此会感到疲劳和酸胀。现在想象一下，要是一直穿这种鞋的话，就等同于将这种压力日复一日地加在腓肠肌上。你觉得在受伤发生以前，能跑多久？最近，哈佛大学人类学教授利伯曼发表在《自然》杂志上的研究说（Lieberman et al., *Nature*, 463, 531‑535），也就能跑两周左右。这篇文章的观点是，大部分人没有花足够的时间安全地从常规鞋转换到极简鞋，从而造成了这个看起来永无止境的问题。

最后一个极简跑拥护者们争议的问题就是，穿轻一些的鞋可以优化跑姿，目标是鼓励前掌跑法或中足落地，而不是后脚跟落地。基本的想法就是中足落地减小了冲击力，这样不但减少了受伤的风险，而且减少了对鞋缓震功能的需求。研究表明，前掌落地的赤足跑步者受到的冲击力远比穿普通鞋、脚跟落地的人要小。这条信息很有趣。尽管如此，这个领域可用的研究还是非常有限的，仔细研究每一篇新的文章都是很重要的。现有研究的主要发现是，习惯赤足或穿极简跑鞋的人，通常都是中足或前掌着地的。他们着地的时候受的力，往往也比穿普通鞋的跑步者要小得多。从另外一方面说，还没有适应赤足跑或穿极简跑鞋的人，脱了鞋以后多半还是会用脚跟着地。这种落地产生的力差不多是穿鞋的时候足跟落地的7倍。对于很多跑步者来说，最好还是继续穿常规的鞋（Lieberman etal., *Nature*, 463, 531‑535）。

针对穿鞋的另一个主要争议就是，穿鞋并不能减少受伤的风险。过去这四十年里，跑步者的受伤率一直徘徊在70%左右。但是，这个统计数字并没有解释受伤和鞋之间的关系。根据跑遍美国这个组织的统计，1980年男子马拉松完赛选手的平均年龄是34岁，女子是31岁。2010年，这两个数字分别增加到了40和35岁。除此以外，1980年全程马拉松的完赛总人数是143 000，2010年的总人数是507 000。除了这些事实以外，马拉松的人口增长了3倍，所以现在跑全程马拉松的人的平均年龄也就变大了。伴随着这一点，普遍的趋势是肥胖，所以马拉松跑步者的平均体重也在增加。毫无疑问，美国全程马拉松完赛者的人口统计学数字跟三十年之前完全不同了。然后我们可以放心大胆地假设一下，也许传统的跑鞋和这些年来的新科技切实地帮助跑步者们保持了健康，而不是毁了他们。我不知道这有多肯定，但很多教练都这么认为。

身为跑步者，想要确定什么样的鞋才最适合自己，就要研究一下自己的生物力学指标和伤病史了。有些人适合极简跑鞋，有些人就不适合。如果你想试试，就要耐心一些，多给自己一些时间来适应。如果你跑量多的话要特别注意，使用这种鞋需要你在训练中减少很大的量，所以在马拉松循环的开始阶段试验极简鞋可不是一个好主意。我们的建议是首先在实质训练（而不是长距离跑）中穿轻量训练鞋，其他的时间穿常规训练鞋，看看身体的反应如何。永远都要注意身体的声音，多读一些学术研究报告，千万不要被媒体的招摇撞骗蒙住双眼。

跑鞋的定价

跑步者们最常问的问题，就是关于跑鞋及其价格。实际上，并非所有的鞋都是一样的。就跟买车一样，你想要或者需要的功能越多，花的钱就越多。但是，要记住你决定买不买的原因应该是鞋的类型，而不是价格；最贵的鞋，不见得最适合你。所以当你去商店的时候，要考虑你真正的需求是什么，做到三思而后买。基本上，价格分三档：入门级、中等和高端。

入门级

这类鞋提供基本功能，但是其他的功能就不是太多了。毕竟，这是最便宜的选择。对于刚开始跑步的人来说，入门级就够用了，特别是那些根本不知道自己能不能坚持下来的人。大部分入门级的跑鞋都在足跟部位有缓冲减震功能，而不是在前掌。很明显这类鞋的脚感就差一点，不像穿高端跑鞋那么舒服。即便如此，这种跑鞋依然是值得信赖的，架构也很好，可以不辱使命。如果你想从跑步商店里体面地走出去（多少买点东西），这也是最便宜的办法。在一些打折商店，你还可以找到稍微贵那么一点点的跑鞋，但是我们建议价格不能比这个再低了，再便宜就没好货了。

中等

在所有跑鞋的种类里，最受欢迎的价格区间就是这类鞋。它们提供基本的功能，还有额外的几个功能，比如全掌缓冲减震、更好的中底材质、更好的脚感，因此整体的感觉更舒适一点。有一点豪华、有一些功能，这类跑鞋会比入门级跑鞋的寿命更长。

高端

这类跑鞋最新科技的噱头可谓应有尽有，不管你需要不需要，反正这是厂商的"主打款"。也许你更想穿这样的鞋，但身为跑步者还是要权衡一下，高昂的价格标签是不是值这个钱，是不是符合你个人的需求。

如何选鞋

如果你已经完全理解了市面上各种跑鞋的类型，那么你现在就可以去选一双适合你的了。最重要的一步是去跑步专业用品商店买鞋，而不是在网上。有些人在线下选鞋，你也可以找一个专业知识丰富的店员协助你挑鞋。选合适的鞋就像玩拼图游戏，受过良好培训的店员会帮助你找到丢失的拼图，做出正确的选择。当你去商店的时候，记得带上你的旧跑鞋，准备好回答几个关于训练和以往跑步经历的问题，比如：

- "你之前受过伤吗？"

- "你上一双鞋感觉怎么样？"

- "你之前的跑步鞋合适吗？"

然后，跑步商店的专业人士就会检查你旧鞋的鞋底，也就能知道你落地是怎么样的。比如，如果鞋底的整个中部（内侧）都磨损了，你多半是过度内翻，需要一双支撑性更好的鞋。与之相反，如果外侧磨损更厉害，你就可能是外翻，需要的支撑就少一些，缓震就要多一些。如果鞋底很平，那么你应该已经选对鞋了。当然，你也要知道尽信书则不如无书。如果有双鞋的十个版本你一直都穿，也没有受伤，那么你觉得什么适合你就穿什么吧，不用管鞋底磨成什么样。

在大多数跑步专业商店里，店员都会要求观察你的步态。很多跑步设备都有跑步机和摄像机，可以捕获到你走或者跑的时候脚的运动图像。这些影像一旦在屏幕上慢放出来，你就能知道自己具体是怎么落地的了。就算没有这些科技，一位有经验的店员也能凭肉眼观测你走或跑的姿态，知道你到底应该选哪种鞋。如果你还想更上一层楼，那么可以去运动表现实验室，花大概一百美金，使用特殊的软件做一次步态分析。另外一种叫基础受力板的新科技也变得越来越流行，受测者需要光着脚站在上面。这种受力板或者叫压力板就显示了脚的轮廓，会给你一个相当精确的概念，让你知道足弓的类型是怎样的，并能显示哪里的压力最大。这套装备可以帮助你决定时要多一些缓震，还是多一些稳定功能。它还能打印出你脚的扫描图，并附上推荐的鞋型。

一旦你有了几种适合自己脚的备选项，到底哪双最舒服就是你的选择了。一定要选合适的尺码，如果你平时穿的鞋是9码，千万不要以为跑步鞋也是一样大。当你试穿鞋的时候，应考虑如下几个方面。

足跟：足跟应该妥帖舒适，没有任何滑动。

脚趾仓：脚趾仓空间的长和宽都应该大一点。你跑步的时候，脚趾应该有足够的空间延展开和蹬地；但是这个空间又不用太大，免得脚滑来滑去。

时机：如果你想买鞋，那就在你平时跑步的那个时间去商店，因为这个时间段你的脚会膨胀。早晨觉得合适的尺码，晚上穿就会觉得紧了。

最终的决定通常取决于这双鞋适不适合你的脚。当你在同一类里挑选出三双不同价位的鞋，且看起来都能胜任工作时，选你感觉最好的那双。记住，买鞋要看功能，而不是看外貌。

理解了脚型和鞋的分类，跟跑步专业商店里经验丰富的店员聊过之后，你就应该能挑选出一双陪伴你进行马拉松训练的好鞋了。

什么时候淘汰旧鞋

我们发现刚参加我们训练计划的大多数跑步者都觉得，他们可以在开始训练的时候买一双新鞋，然后一直穿到比赛那天。当跑友认识到根据鞋、体型、跑步姿势的不同，一双鞋也就只能跑500~800千米时，他们就会发现之前的这种推理是有问题的。初级跑步者训练计划要求你在18周的训练中跑1 126千米，实际上很多人在规定时间内是完不成的。而在现实中，你进行训练和比赛需要两双鞋。也许个别幸运的人能一双鞋穿到底，但是大部分人会因为鞋的老化而突发新伤，比如小腿、膝盖或者足底部分。因为当一双鞋老化以后，你就失去了应该有的支撑和缓震。没有这些功能，你将发现自己会患上与足型有关的常见伤病。

在大多数情况下，我们建议先穿一双适应着跑几周，然后决定是买一双同样的鞋，还是买双不同型号的换着穿。如果你已经不喜欢第一双鞋了，在买第二双的时候一定要确认鞋的类型不变。有的鞋虽然名字没变，但是一换季类型也许就变了，也不好说呢。如果穿上觉得有问题，肯定就不适合你的成绩和整体的舒适感。

比赛日的策略

比赛的当天千万别穿新鞋，全国的每家商店、每个教练都会这么跟你说的。拆开盒子，鞋就等着你穿，但要多给它一些时间。一定要确认你将穿着跑42.195千米的这双鞋会很舒服，这一点非常重要。尽管你之前可能穿过好几双同一型号的鞋都没有问题，但是你仍然需要给身体一些时间来适应新鞋。如果你三思而后行了，那么善莫大焉。因为鞋的老化过程很慢，因此你的脚也是慢慢发生变化的。然而，当你从商店的货架上买走你第十二双同款跑鞋之后，你的脚就不得不立刻适应中底突然多出来的厚度，而且还要适应鞋面的形状。穿矫正鞋垫也是一样的道理。就跟你的脚需要适应新鞋一样，插入的鞋垫也得适应。你穿着比赛的鞋应该跑一定跑量了，感觉比较熟悉，但是又不能跑得太多，要不然就开始老化了。对于大多数跑友来说，这个量以控制在80~160千米为宜，也就是说在比赛前两三周开始穿着适应。

选比赛用鞋的时候，绝大多数跑步者都会选和训练时穿着跑过很多跑量的那双同一类型的鞋，有些跑步者则会选择更轻的鞋。当决定比赛日是不是穿双轻点儿的鞋时，考虑一下你的脚会穿这双鞋跑很长的路，比训练时任何一次的距离都要长得多。那意味着你的双脚会肿胀，你需要稍微大一点的鞋，还得有合适的缓震能力来应对作用在每一次落地时的冲击力。一定要记住竞速型鞋之所以轻，是因为它们的缓震和支撑都不够。因为疲劳对于跑步生物力学和跑步经济性来说都是有负面影响的，你就更容易因为疲倦而受伤。我们让大部分跑步者考虑一下竞速鞋时都会问他们："为什么牺牲几盎司的重量会最终影响你的生物力学呢？"

我们通常建议穿竞速鞋的门槛是全程马拉松3小时10分以内，男女都一样。这意味着比这个成绩慢的跑步者都应该穿常规鞋，只有跑得比这个成绩快的人才能穿竞速鞋。对于跑不进3小时10分的选手来说，我关心的是之前提到的生物力学和伤病问题。有些跑步者只是需要额外的缓震和支撑功能，特别是在比赛的最后阶段。如果你就属于这种情况，但是还想更轻一点，那不如试试超轻训练鞋。最近几年，这类鞋作为传统训练鞋和竞速鞋之间的过渡类型出现在市面上。它们并不像你每天穿的训练鞋一样实用，但是它们可以给你一定限度内足够的支撑和缓震，比如跑个全程马拉松。这可以让你减轻几盎司的鞋重，但是并不会有受伤的风险。

就我个人的经验而言，我发现自己每天都可以穿常规训练鞋跑步。然而，在为长距离跑选鞋的时候，我通常还是会选轻一点、更灵活的鞋，来支撑我的低足弓。轻也轻不到哪里去，但是那些减少的重量可以让我感觉跑得更快，并能提供给我需要的保护，让我免于受伤，特别是因为我只在特定的训练中才穿这种鞋。如果你打算买第二双轻量训练鞋，就要确保比赛前在几次训练中穿一下，这样你就会知道比赛的时候能不能穿了。

穿衣

服装和配件对马拉松训练也非常重要，但这本书要是展开这个话题说的话就收不住了。比赛日当天你穿什么，一是取决于当天的天气，二是取决于你在训练中穿什么。比如，要是比赛日是一个三月的阴冷的下雨天，跑步帽子会是一件完美的装备；七月天戴帽子除了吸热，什么都干不了。下面就是一些你选择整套装备时，要记在心里的基本原则。

千万别穿纯棉的：不要穿任何纯棉的袜子、短裤、裤子或T恤。纯棉材质不但无法把湿热从身体表面抽离，反而会存住热量、吸汗，在皮肤附近形成潮湿的环境，造成摩擦并出现水泡。

穿少点：你在选装备时，就当气温比实际高7℃来准备。如果外面是20℃，就按27℃的天气来穿。第一千米也许会冷点，但是一旦你开始产生热量，身体就能很快热起来。

考虑成本：当你买跑步服装的时候，考虑一下每件的成本。不仅仅指你买它时候最初的投资是多少钱，还要考量你会穿多少次。好的跑步服装可以价格不菲，但是也一定很耐穿，至少能穿几季。

一定要试：接缝的地方会摩擦，短裤可能上卷，T恤可能太大或太紧。当你找到比赛日当天想穿的衣服时，一定要先穿一下试试，看看贴不贴身、感觉怎么样。

最近跑步服装的一个趋势是压缩袜和紧身衣，这个科技有几种理论上的支持。有一些人主张压缩衣物可以通过加速静脉回流，因此可以清除掉副产品（乳酸），从而提高比赛的成绩。从理论上说，这帮助提高你的成绩，是因为你可以让身体跑在更高的配速下，同时还能应付会让你降速的物质。压缩衣物的支持者还指出，它潜在的作用还有减少延迟性肌肉酸痛（DOMS），因此在大运动量的训练和比赛后增加了恢复时间。因为这种衣物比较新，所以暂时还没有定论。身为一名跑步者和教练，我认为直觉上看起来这些理论都是好的，但是除非有落在文字上的海量证据，否则我们仍然不能确认它究竟有多管用。

不管你比赛日当天选择穿什么，一定要在之前穿着试跑过几次。最好是穿着跑一次长距离，这样你就知道穿的时间长了、流汗多了，衣服的材质会不会让你有什么问题。在所有艰难的训练完成之后，最后一件你想做的事就是在比赛日当天秀一下定妆照吧。

第十章

比赛策略

这些年以来，汉森马拉松训练法已经接受了比赛日"早点担心"的说法。我们的意思是，应该在比赛前就把所有的细节都关注到，把比赛日当天不必要的压力控制在最小范围。你已经花了18周的时间刻苦训练，早早起床、错过了朋友聚会，还有很多其他牺牲，千万不要因为事先忽视了比赛日的细节而功亏一篑。当然，天底下没有什么所谓的策略能完全消除比赛日的紧张情绪，但是仍有一些步骤能让你比没做好准备的人领先一筹，凡事预则立不预则废。从你比赛前吃什么，到完成比赛后在哪里和家人碰面，比赛的时候穿什么鞋，提前做好计划会让你在真正遇到问题的时候保持镇静。在有比赛的那个周末，除了第一套方案外，你还要有两套备选方案，而且要提前做好预演。当你轻松地站在起点前时，你看起来就不太可能会在比赛开始阶段犯一些愚蠢的错误，而且能保持注意力集中，准备好完成接下来的既定方案。我们经常提醒跑步者如下因素，因为你在比赛日早上之前已经做好了安排，马拉松就跟你比赛前的准备一样好，不管它是训练本身还是站到起点线前的那一刻。

赛前准备

旅行

如果你已经早早把某个比赛当作目标了，那么你应该早就提前几个月订好出行计划了。除了决定好怎么去比赛之外，你还要找个容身之所。大多数情况下，比赛报名截止日期一到，一个35 000人规模的马拉松比赛就会让所在城市体面一点的宾馆人满为患。不用问，不管在比赛前还是比赛后，你一定想躺在舒服的床上。许多马拉松跑步者，特别是第一次跑马拉松的人，都会选择本地的比赛来避免额外的花销和出行带来的麻烦。可就算你在本地比赛，也依然可能需要住在外面。睡在熟悉的环境里对有些人来说很有吸引力，但是其他人宁愿比赛前一天住在起点附近的酒店里，这样第二天早上就能轻松地走着去起点。这种策略有好几种好处：比赛前一天，你能好好睡一觉。还有，如果你有密集恐惧症，不喜欢比赛早上的那种混乱，只走几个街区会减轻你的紧张情绪。如果你比赛前一夜还是喜欢睡在自己家的床上，一定要早起一点，留够去起点的时间。就算你家离起点只有15分钟车程，在马拉松比赛的那个早上，交通拥堵和找地方停车定不啻于一场噩梦。倒不妨找人开车送你，这样你就不用受困于停车的烦恼了。

亲友团观赛指南

大多数马拉松选手都喜欢友好的观众。这不仅仅有助于改变千篇一律的枯燥，还会在你跋涉42.195千米的时候给你一些前进的动力。除此以外，不要浪费时间担心什么时候、在哪里能遇到你的家人和朋友。最好的办法就是找其他人来负责这个事儿。就拿2012年奥运选拔赛来说，我为父母订好了宾馆和机票，但我太太负责照看所有的细节。她计划好日程，和我父母一起飞去休斯顿，把他们送去宾馆。她还提前找出在赛道哪里能看到我，还有比赛后我们在哪里碰面。她知道我在比赛前那段时间需要集中精力在比赛上，所以故意显得有一点懈怠，让我处理一些安排，这样就能帮助我减压。找这么一个人来做队长，让他或者她来管理你不想管的事，会事半功倍的。

就如何在赛道上安置你的私家啦啦队这件事而言，凯文经常建议在27千米处安排最好。这些年来我已经无数次听到他这么四处散播这个建议，我们干脆叫它"凯文·汉森的满血复活准则"好了。这条准则建议在27千米处（或者就近的哪个容易看见的地方）安排一位朋友或家人，让他或她带一件干的T恤以便你在后三分之一的比赛中可以换穿。因为你到了这个阶段的时候，一切才真正开始变得艰难起来。你很累，浑身是汗，跑姿也开始走样了。让人站在这个事先选好的点上，带着一件干T恤，或者带一顶干的帽子、一副手套，甚至一件汗衫，这样你就可以把湿了的服装全换成新的。你会立刻感到满血复活的！这看起来很琐碎，但实际上帮助很大。对了，如果你想遵循"满血复活准则"的话，别忘了把号码布别到短裤上。

了解赛道

提前了解赛道有很多好处。如果赛道就在你家附近，可以分段实际跑跑，熟悉一下比赛日那天会遇到什么路况。如果你知晓了转弯、山丘和赛道的各种细节，一种熟悉感就建立起来了。有了熟悉感，你的情绪就会变得冷静、可控。汉森-布鲁克斯长跑项目的运动员也会经常去将要比赛的城市几次，以提前适应赛道。在训练的早期这样做，可以让我们对训练的细节进行修正，完全为比赛做好准备。如果你的预算不宽裕，没有办法在比赛前去赛道上跑跑，也可以去马拉松比赛的官方网站上查一下，还可以去视频网站搜搜视频、去博客上找找赛记看。

比赛的那个周末

比赛展览会

大部分比赛的展览会都跟熙熙攘攘的跳蚤市场并无二异。我承认有时候我还挺喜欢徜徉其中的感觉，看看最新的跑鞋、装备和产品。除了这点以外，我强烈建议你不要花太多的时间在展览会上，而这点恰恰是很多跑步者常犯的错误。他们被大型活动华美的环境给镇住了，所以他们在大厅的水泥地面上来来回回走，而不是坐在酒店的沙发或床上好好休息。对大部分周日开赛的马拉松而言，展览会一般是周五和周六举办。这至少不会让你闲逛太长时间，也会让你比赛日的前一天能好好休息一下。如果你只有比赛前一天才能去展览会的话，尽量早去早回，错开人流高峰，这样你还能安排点别的事，顺便歇歇脚。

比赛前的晚餐

不管你是要参加官方组织的赛前晚宴，还是要和家里人一起就餐，原则都是一样的。最重要的，补碳水化合物可不意味着要吃四盘子意大利面和三大块面包。要吃跟平常一样的量，但是要确保吃得健康，富含易消化的碳水化合物。这顿饭应该遵循我们之前在营养那一章推荐过的最后一周平衡饮食原则，主要的目的就是在比赛前将糖原储备打好顶。在平时训练的长距离跑之前就吃同样的食谱，这样你就知道比赛日那天你会是什么感觉了。此外，补水是一个不间断进行的过程，因此要确保你好好利用比赛前的这一天持续摄入水和运动饮料。适当的补水需要时间，而且应该在之前的一整周都加以贯彻。

上床睡觉前

比赛前一天的晚上，要事无巨细地检查你所有的准备工作。比如存衣包应该已经装好，随时都可以抓起来就走，计时芯片在鞋带上系好了，衣服都摆好了，水瓶也是满的。当你准备上床睡觉的时候，一般是不容易睡着的。要是你翻来覆去睡不着，千万不要烦躁。你过去这十天已经睡够了。如果你还是睡不着，可以起来吃点午夜小点心，比如能量棒或者一片水果。因为睡这一觉，身体会把肝脏里的糖原储备消耗一半左右。深夜吃点零食，你早上需要补充的糖原就会少一些，可以替肠胃减压。要是你比赛前特别紧张的话，在你真正的神经过敏来临前，吃点东西是个好办法。跟常规的早上要补充300~500卡热量不同，如果你提前吃点东西的话，需要打顶的糖原储备也许就能减少到100~200卡。

比赛日早晨

比赛日早上吃什么，取决于你几点起来。经常有跑友在大比赛前一天晚上睡不好觉，所以早点起来通常比赖在床上过多分析比赛计划要好得多。每个人消化食物所需的时间都不一样，有些跑步者需要3个小时来消化跑前吃的那一顿，有些人只需要一个小时。如果你在比赛前3小时醒来，你可以去吃一顿正常的早餐，比如涂有花生酱的百吉饼、一根香蕉、一杯咖啡或果汁。越接近发枪时间，你就需要越保守。如之前讨论过的，在发枪前几个小时之内，吃的固体食物要少一些，大部分都要是碳水化合物。比赛前一个小时左右最好吃能量胶，可以让你短时间感到饱腹，但是又不会让你有撑的感觉。另外，开始按口来计算摄入的液体量，而不是盎司。你要做的最后一件事，就是在比赛的前半程让胃里一直有水在咣当。尽量不要在比赛中拿出"荒野求生卡"（此处指随地大小便），当你站在起跑区的人堆里的时候，就应该计划好所有的事情，包括用哪个临时厕所。在人群里的时候，抓好水瓶，等发枪之前可以一直小口喝水。

除了要关心身体进去了什么，你还要考虑从身体里出去了什么。另外，比赛前和比赛中都要查看天气预报。如果你比赛前要站在人群里30分钟的话，你一定会希望做好准备吧。就拿10月举办的底特律马拉松来说，因为临近底特律河，气温有可能是27℃的热天，也有可能是暴风雪的严寒天。大多数年份，气温都徘徊在−1~4℃，所以清晨的那几个小时，整套行头都得给力才行。在太阳完全升起来以前，我们的双腿也许都站麻了，但是一旦跑起来你就会感觉好多了。这意味着你在发枪前要多穿一层，然后在比赛中就可以很容易地脱掉保暖用的衣物。使用我们训练方法的跑友最关心的一个问题就是，他们应该穿好一点的跑步装备并一路带着，还是穿旧衣服可以随手扔了。汉森的解决办法很简单：穿你不想要的。最里面一层当然应该是常规的跑步装备和号码布，但在它外面可以穿一件缩在衣柜的破长裤，或者是为屋子刷油漆时弄破的汗衫。当你开始热身的时候，就可以毫不犹豫，直接扔掉外面这一层衣物。

心理准备

就我的个人经验而言，在马拉松比赛之前做好心理准备的最好方式就是保持冷静。在比赛真正开始前就让心率升高，从来都不是一个好主意。找到这种冷静的好办法是怀着"谨慎的自信心"参加比赛。退一步海阔天空，花点时间想一想你的训练，提醒自己你身体状态很好，已经准备好参加比赛了，训练是不会撒谎的。现实一点地考虑比赛的困难，但是也要告诉自己，你的所有训练都已经让你准备好应对比赛了。

为什么这种办法会奏效呢？第一，它强迫你放松心情，接受手里这项任务是艰巨的现实，承认这几个小时会伴随着痛苦。它会让你注意这一点，避免你在冲过起点门之后过于关心配速。此外，当状况在比赛中变得艰难时，你已经准备好面对它了。你知道这并不是易如反掌之事。通过这样准备，你就可以有积极主动的想法，等着帮助你忍耐后面的比赛。

比赛草案

比赛时间

一旦发令枪响过，就是把那些辛辛苦苦积攒来的筹码兑现的时候了。关于比赛策略，我们最经常被问的问题就是每千米的分段配速如何分配。我们之前早就讨论过前半程稳住，保持均匀配速的生理学原因了，但是之所以这样还有更多深意。在整个训练过程中，你的许多练习都是关注跑特定的配速的。我们强烈相信古老的谚语"像训练一样比赛"，我们在训练中也强调了配速的重要性，希望比赛日和训练日一样。更特殊的是，训练的意思就是让你准备好全程都按预先设计好的分段计时跑，后半程比前半程略快，这就叫作负的分段策略。我们提醒跑步者一开始跑慢点，几乎永远都不会对你整体的配速造成任何持续性的损伤；但是一开始跑得太快，则会造成损伤。如果你一开始冲得太猛，很快就开始逐渐降速，不但你的身体会感到紧张，你的精神也会因为被开始时跑得很慢的其他跑步者追上而受到打击。

更重要的是，从5千米到全程马拉松，所有现在的世界纪录几乎全都是通过负的或者均匀的分段策略创造出来的。大部分的个人最好成绩也是这样。当你开始以一个你能维持的配速跑起来，然后发现你超过了那些高估自己能力的人，你会在比赛的最后阶段收获另一种自信。很多跑步者说他们在比赛的开始阶段感觉最好，希望利用这种感觉提前赶一点时间，这种方式几乎全都是以灾难结尾收场的。马拉松比赛是一场长时间的战争，3千米的时候感觉舒服的配速，也许在30千米的时候就感觉没那么好了。

在大多数情况下，你都应该维持稳定不变的配速计划，这也许并不需要什么灵活性。有时很快的马拉松完赛成绩取决于几个变量是不是足够幸运，比如天气情况。天气也许会让你超级失望，可能是27℃的高温、飓风或季风。这些情况当然会影响你的比赛成绩，让你很容易感觉一切都完蛋了。为马拉松训练而获得的收获有很多种，就算比赛日天公不作美，未能发挥出最好水平也会让你心碎的。但天气是你所不能控制的，你要做好最坏的打算、最好的准备。花一些时间考虑一下你决定为马拉松训练的真正原因，再想想因为训练而得到的众多好处和个人成长。毫无疑问，就算你调整成慢一点的配速，也不能说一点收获都没有吧。这也就是我们强调要聪明训练的原因，你比赛的策略同样要明智。如果天气预报看起来要让你变动最初的计划，那就根据赛道的实际情况做出调整好了，只要全须全尾地冲线就可以了。

就拿温度来说，当气温超过15℃以后，你可以每千米慢上5~8秒。一般来说，15℃就要比目标配速每千米慢5秒，21℃的时候就要慢10秒，27℃的时候就要慢15秒。这当然也取决于好几种因素。比如，如果你已经在炎热的天气下训练了好几个月，那么高温就不会像影响其他跑步者那样影响。这条规矩放之四海皆准，不管跑量多寡都一样。根据实际情况，和天气有关的调整一旦做出，预期完赛时间每个人情况都会不一样。

比赛补给

我从来都不理解，为什么这么多比赛设置的第一个也是唯一一个能量胶补给站是在30千米处。如果你达到那里的时候还没有补充好给养，那么你早就错过应该摄入这些热量的点了，这才是根本的不同之处。重要的是早早就应开始补能量和液体，不要等感到压力了再补。对精英运动员来说，每5千米就有一个专属的杯子，里面有自己要摄入的液体混合物。生理学家告诉我们，胃每15分钟可以处理大约8盎司的液体，15分钟对精英运动员来说就相当于5千米左右。也就是说，99.9%的跑友并没有自己的专属饮料瓶，他们只能去大部分马拉松每3千米设置一个的水站喝水。这就意味着如果你在每个水站都喝一杯水或者运动饮料的话，你的液体摄入率和精英运动员将差不多。每个纸杯有170～230毫升的容量，但是一般只会倒进去110～170毫升的液体。要是你考虑到可能会洒一些的话，每个水站只能喝57~85毫升的水了。要不要停下来喝水，你自己拿主意。但是记住，最终摄入液体和能量是极其重要的。停下来补充能量和水的几秒钟，在长距离跑步的时候能为你挣来好几分钟，还能帮助你预防"撞墙"。我们建议在第一张桌子那里拿一杯，如果可能的话，在最后一张桌子那里再拿第二杯。就我的个人经验而言，运动饮料提供的热量和液体本身一样重要。当跑步者"撞墙"的时候，那是因为他们的体能已经没有糖了，而运动饮料中的糖分可以帮助他们战胜这种状况。唯一不适合这么做的时候，就是你刚吃了一只能量胶（或其他类似替代品），这时你需要的是喝水送服。这会让你一直在正确的道路上前行，大多数精英运动员在一般的马拉松比赛中也是这样吃喝的。在大部分情况下，运动饮料都是最好的选择，可万一没有的话，喝别的也行。

比赛中的配速调整

过去这几年，我们目睹了许多跑友在比赛的开始阶段比预计的配速快太多的，也有慢太多的。这通常是因为比赛开始阶段的赛道太挤造成的。一旦跑友跑出了几千米，他或她一般会希望加速拼回点时间，这样就很难坚持分段配速。比如，一位全程马拉松选手的目标比赛配速是每千米5分32秒，但是一开始因为人多，头几千米只跑出了5分44秒的配速。随着人群在10千米左右变得稀疏起来，他也许就感觉自己需要加速，追回一些之前损失的时间来，把配速加到了5分23秒，而不是坚持最初5分32秒一千米的配速。你也许会想，根据我们之前说过的配速知识，这样赢回时间的方法是大错特错的。应该回到比赛配速上去，在接下来的几千米慢慢地逐渐加速，这样才会节省能量，后半程再发力追赶。

尽管你前半程也许会感觉很好，也并不能为你的加速开绿灯。我见过无数的人比计划提前很多跑完半程，但是后半程处于燃烧殆尽的状态。如果肾上腺素让你在比赛的早期跑嗨了，比预计的配速快了，用不着慌张，调整一下就可以了。慢慢回落到比赛配速，找到可以把你一直带到比赛结束的节奏。把注意力放到你自己的配速上，不用管跟得上还是跟不上别人。如果有人喘着粗气超过你，那就设想一下你早晚会追上他的。在大多数情况下，那是会成真的。

比赛日的物品清单

鞋、袜子

衬衣或运动胸罩

短裤

水/运动饮料

号码布

计时芯片

别针或号码带

能量胶

手表

太阳镜

帽子

唇膏和/或防晒霜

赛前和赛后穿的衣服

毛巾

手纸或面巾纸

防摩擦润滑剂（Bodyglide™或凡士林）

邦迪创可贴保护乳头（男士用）

手套/臂套

可以扔掉的T恤和裤子

钱

设备检查包

去比赛地点的地图和赛前指导

完赛后额外保温用的衣物

　　当你站到起点线前时，我们建议把所有你可能需要但是穿不着的东西都放到一个背包里。如果官方有发赛事装备包，你通常可以把这个背包塞进去。带着所有东西去出发等候区，然后只带着你需要的东西挤到人群里去。另外，把所有剩下的东西存到存包点。

第十一章

赛后恢复

对汉森—布鲁克斯长跑项目团队来说，马拉松比赛后两周的跑休是基本原则。当我第一次加入这个团队时，这个跑休期是10天；但是，凯文和凯斯发现10天的时间还不够长。不管你是达到目标还是没达到，你都需要几周的休息时间。当你冲线的时候，就好像赛车手在祈祷一定要有足够的油，让他或她能冲过格子旗。你在比赛中一直在补充能量和水分，但是储备不可能一直处于打顶的状态。当终点线出现在你视线里的时候，你体内多半已经空空如也了。马拉松比赛后的跑休非常重要，因为这给了你身体以时间来重新存储糖原和水分，让它们的水平恢复到平时的状态。此外，体内所有能量的来源都几乎消耗殆尽了，你的运动肌肉会感觉到疼痛。马拉松第二天有多疼、怎么疼是多种多样的，但一般来说就是感觉僵硬、酸胀、身体被完全掏空。马拉松从微观水平上分解了你的肌肉，肌肉需要时间休息和修复。一旦完赛，就抓紧时间考虑一下接下来的行动计划。

比赛后立即要做的事

很多跑友冲线以后会想："好，那现在该干什么呢？"我们花了大量的时间关注训练和比赛，很容易就忽略了跑完42.195千米以后应该做什么。不管完赛时间是快还是慢，既然你已经为比赛尽了全力，那就可以了。比赛后首先着迷的是，你已经驱动着你的身体冲过终点线的事实。给自己一点时间，为这个伟大的成就骄傲吧。伴随着这些积极的感觉，当然还会有酸痛感和疲劳感袭来。你甚至会想，再也不要参加马拉松了。跑马会让人疼痛，但是很多马拉松跑步者在完成第一次比赛后会上瘾，这也是真事。

比赛后的前30分钟：跟训练后要遵循的一般性原则一样，它们也适用于马拉松之后。尽管你还不是太想吃东西，也得试着立刻摄入一点热量。好消息是，你可以吃任何你想吃的东西。热量很重要，但至于这热量是从哪里来的并不重要。这是件好事，因为你通常没有办法对终点提供的食物吹毛求疵。不管官方给的是什么，吃吧。因为你几乎全部可用的肌糖原和肝糖原都消耗光了，如果你这么做的话，你的身体会更快回弹回去。更重要的是，你的血糖很低，你还脱水了，电解质的存量也不多了。你越快开始补充这些营养，就能越早恢复正常。最佳的恢复时间窗口非常短，所以比赛结束后30分钟内，在终点休息区大快朵颐吧。

比赛后前两个小时

一旦你拿回了你的存衣包和完赛包，就可以离开终点休息区，去找家人和朋友了。因为你现在有吃有喝了，在你的胃彻底安歇下来之前，根本不用担心吃一顿正餐的问题。如果这个比赛不是在你所在的城市举办的，回到宾馆洗干净自己，穿上舒服的衣服和鞋子。这时候你也许就可以坐下来吃顿午饭了。尽管你也许已经吃腻了意大利面，最好还是找高碳水化合物含量的食物吃比较好，这样能补充流失的糖原。如果你仍然没有准备好吃一顿正餐，那么可以多花一些时间一直吃东西，别让嘴停下。这时，试着吃更多的营养小吃，让你的身体系统恢复正常。水果、蔬菜和全谷物的食品都是很好的选择，喝水也行，水果汁、运动饮料也可以。

比赛当天剩下的时间应该干什么

只要需要，继续喝水、摄入热量。把脚抬高，休息几个小时，没有人会指摘你的。你应该已经从完成过全程马拉松的朋友那里得知，比赛之后的几天，人的行动会有点问题。从床上下来的第一步会很吃力，爬上爬下楼梯看起来跟登珠穆朗玛峰一样难。不管是精英运动员还是周末勇士，都不可能跑完全程马拉松一点酸痛也没有。除了糖原消耗之外，肌肉整体的结构也受到了影响，所以马拉松比赛后千万别安排什么大的出行计划。就我的经验而言，第一次马拉松是最难恢复的。你跑的比赛越多，恢复就会越容易。

接下来的3~5天

这几天不要跑步。注意一下台阶，白天别惹上什么麻烦。我们已经知道，稍微跑休一下总体上说还是非常有好处的。不仅仅是不要跑了，而且要避免在日历里加入任何新的比赛。有些跑步者在比赛过后几天又会陷入追求跑量的循环中，经常会让他们的双腿在接下来的一个月都感觉木木的。你应该做的恰恰相反，就是休息，等身体完全恢复之后再跑步。享受这段休息时间，利用这个机会做一些训练时被排在后面的事情。你不用担心下一次训练，也不用担心长距离跑会怎样，只管好好睡觉，读读报纸，重新找回生活的一些平衡。

接下来的两周

许多跑步者不喜欢连续几周不训练，担心自己会不如以前体能那么好了。理解跑休在整个训练中的地位，这很重要。一个有计划的跑休，当然可以预防因为伤病或过度训练造成的被迫休息。现在你可以更好地安排跑休的时间了，尽管它看起来好像是偏离了过去这几个月以来你最初设计的安排。有些人会整整两周什么运动也不做，有些人则会加入以下交叉训练。这两种选择都可以，前提是交叉训练的强度不要太大。轻一点的抗阻训练计划或者自行车课程，也是合理的选择。加入交叉训练的好处是它会帮助你维持之前花了大力气建立起来的运动习惯，等你再恢复跑步的时候就能更容易。当然底线就是这两周不要跑步，在身体完全恢复好之前，不要让双脚再砸向地面。

两周以后

两周的假期之后，是时候继续开始跑步了。对刚完成人生首马的跑步者来说，我们并不喜欢硬性地给你画一条回来的时间线，只会建议你当心点就好了。大部分"老马"都希望，两周的休息之后能立刻开始跑步。我们很喜欢看到这种狂热，但是我们经常碰到的问题之一，就是有些跑步者还没有休息够两周就风风火火地计划下一场比赛了。有目标总是好的，我们见到跑友想继续训练都会很开心，但是要确保你的这些计划是灵活可变的。不管对新人还是"老马"来说，都要等等看恢复得怎么样，避免太着急太早回到跑步上来是很重要的。马拉松会掏空你的身体，这意味着有结构性损伤的风险。如果你某个区域有痛感还试着跑步，或者你有某种迹象感觉不舒服、身体并没有恢复也不要挑战自己的极限。

一旦你完全恢复，已经准备好重回日常训练了，我们建议你从轻松跑开始。刚回归，你的动作也许还显得僵硬，头几次跑步会比平时更难一些。别担心！不像你想的那样，你并没有失去太多。两周的跑休只会让你的体能下降5%而已，这对于整个训练周期来说只是个小数字。对于新人来说，每隔一天跑5~8千米（或者30分钟）就可以了。第一周的训练就应类似表11.1所示。

"老马"的回归就可以更强势一些，但是完成的量也要基于重新训练后身体如何反应。一位有经验的跑步者的身体应该更适应马拉松训练，复原也更容易。即便如此，每位跑步者都是不同的，你应该再清楚不过马拉松之后你的身体告诉了你什么。如果有什么事情感觉不对，或者你很吃力才能维持住跑姿，那么我们建议你休息休息，让身体自我恢复。当你准备好再次开始轻松跑时，一位"老马"一周的安排也许就类似表11.2里的计划。

对所有跑步者来说，抗阻训练每周可以进行两三次。在接下来的几周里，这些训练应该在不进行实质训练的那些日子完成，让你把它们加到例行的常规训练里。比如，如果你知道周二、周四和周日你会做实质训练，那么抗阻训练就可以在周一、周三和/或周五完成。通过这一阶段开始的训练之道，你就可以打造起针对跑步的力量，而不用几周都做单调的练习。

表11.1　　　　　　　　　新人恢复跑步后一周的训练示例

周一	周二	周三	周四	周五	周六	周日
20~30分钟慢速跑	休息或交叉训练/抗阻训练	休息（跟周二一样）	30分钟慢速跑	休息（跟周二一样）	30分钟慢速跑	休息

表11.2　　　　　　　　　"老马"恢复跑步后一周的训练示例

周一	周二	周三	周四	周五	周六	周日
30分钟慢速跑	30分钟慢速跑	休息	40分钟轻松慢速跑	50分钟轻松慢速跑	50分钟轻松慢速跑	60分钟轻松慢速跑

在遵循了前文提到过的恢复训练后第一周应该有的跑量之后，你也许会在第二周想要达个什么标，尽管这周应该全都是轻松跑。这取决于第一周你身体的反应如何，如果你感觉挺好，希望重回跑道，那就可以加一点跑量。初级跑步者应该加两天的30分钟轻松跑，让整周达到跑5次、每次30分钟的量级。高级跑步者可以每次加一些时间，达到每周跑6次、每次45~60分钟的量级。如果你还是感觉浑身酸痛疲劳的话，再多给自己一周跑较低跑量的时间，让身体和精神得以恢复。

比赛后4~6周

在头两周的轻松跑之后，你应该花两周的时间积累跑量，慢慢地恢复到标准的训练量。高级跑步者训练计划的峰值是97.5~114千米，但平均里程一周也就57~73千米。初级跑步者训练计划略少一些，每周49~57千米。等你能够舒服地完成每周"平均"跑量的时候，你就可以开始将训练结构化，开始为新目标比赛选定下一步计划了。不管你决定做什么，训练环节并不总是需要一定坚持18周的时间窗口。你会发现，随着你经验的增长，你准备一次全程马拉松的时间可以缩短到几周。在大多数情况下，速度或打基础的部分可以是10~14周。一个人能够忍受的周跑量越大，所需要的训练环节也就越少。

更久以后

现在的问题在于，以后该怎么办？许多跑步者都觉得他们需要立刻回归马拉松训练，尽管这对他们来说不是个好选择。不管他们对于训练和比赛的热情有多高，我们都规定，汉森—布鲁克斯长跑项目里的运动员每两年只能参加三个比赛。如果你刚完成一个秋天的马拉松，那么在来年春天之前打好基础就是个好主意。如果你想明年春天达标波士顿马拉松的话，这个计划就是非常明智的。11月到次年1月的时间跨度对跑步的基础体能来说非常棒，特别是因为这段时间还包含了假期和与家人团聚的日子。对刚刚完成初级跑步计划的人来说，这绝对是个积累跑量的理想时间段，也许还能为春季的马拉松逐渐尝试一套更野心勃勃的训练计划。如果第一个马拉松一切顺利，这段时间会给你机会安全、缓慢地将跑量加到双腿上，让你为将要增加的训练量做好准备。

有些跑步者还决定通过针对短程的比赛训练，加强一下刚刚建立的体能基础。从5千米到半程马拉松，这是一种打造速度的好办法，让你的双腿感觉很鲜活，比直接回到相对长期的马拉松训练要好。许多我们指导过的跑步者只对全程马拉松情有独钟，只需重温久未谋面的相同训练就好。当然，如果全程马拉松的距离对他或她来说舒服，那么最好还是增加离开你的舒适区。为期10周的速度训练，对刚在春天完成了一个全程马拉松的人来说尤其合适。如果他或她秋天还想比一个全程马拉松。在两周的休息后，就可以花几个月专注于短程比赛，然后转战全程马拉松的训练。一个季度针对速度的训练之后，跑步者必然会感觉更鲜活、速度更快，准备好在全程马拉松上有所突破了。

后 记

当你读到这一页的时候，应该已经在取得马拉松成功的路上了。既然你现在已经学到了很多知识，就应该知道汉森马拉松训练法跟别的训练计划不一样。我们没有套用任何现有的体系，而是向后退一步，看看训练科学和实际的经验会告诉我们什么，然后用我们自己的方式来构建训练模式。这还意味着我们当然也会听到相当多质疑的声音，当你打破常规的时候总是会这样的。不管怎样，凡是接受并遵循这套计划的人，不管他是想获得一个奥运会的席位还是想追求个人最好成绩，完成大比赛准备的时候差不多所有人都是满意的。有些人还觉得我们的训练法是革命性的，在执教二十多年后，这一切对我们来说，都习以为常了。

很多第一次完成人生首马的跑友发邮件给我们，说他们用我们的训练达到了目标，我们总会非常高兴。对我们来说，实际上大部分奖励就是看到很多初级跑步者踏上他们的马拉松之旅。就像我们在本书一开始说的那样，当你训练和比赛有很好体验的时候，你就会回来寻求更多了。我最钟爱的瞬间，就是听说那些年过四旬的跑友斩获新的个人最好成绩或者是达标了波士顿马拉松。在我们的帮助下，那些连续多年积累了很多跑量的"老马"，又有了机会登上一个新的台阶，这才是成功的真实写照。就算你已经跑了几十年马拉松，就算你从没想象过这种事可能会成真，我们这套训练法也是帮助你实现个人最好成绩的关键。

说实话，汉森马拉松训练法可不像在公园里散步那么简单，但是当你想要完成其他人很难完成的事时，坚持正确之路才是有意义的。这不仅仅是跑过终点线的道路，还是平衡训练之道，需要你对马拉松这项运动奉献上一辈子的爱。我们的训练法就是为了激励你、激发你、鼓动你完成你最伟大的一个成就。最后，这不是我们和其他人之间的区别，这关乎设置目标、刻苦训练和好好比赛。我们希望你能成为那些人的一员，那些已经证实了汉森马拉松训练法的确有效的人。通过读这本书，你已经前进了一大步。

就像我们这些年执教生涯中告诉所有马拉松跑步者的那样："你们已经完成了所有的事，现在是时候把现金提出来了！"

附录

精英训练计划：汉森—布鲁克斯长跑项目

通过初级跑步者训练计划和高级跑步者训练计划打磨他们的教练哲学和训练方法，1999年凯文和凯斯决定将其经验和专业知识付诸精英跑步者这个领域。这一时期，这项运动的变革即将到来，几个竞争的跑步团体在全国迅速成长起来。它们有一个共同的任务，就是支持美国大学毕业后的成人跑步者。这些年来，非洲开始统治长距离跑，把包括美国在内的许多国家远远甩在后面，当局也不得不重新评估他们是如何训练参加奥运会的种子选手的。身为成功的教练，汉森兄弟知道他们有必要的工具和训练方法来辅助精英运动员取得国际性的胜利。这就是汉森—布鲁克斯长跑项目的由来。

当你参与到汉森—布鲁克斯项目中，不管你是在册的运动员还是已经退役了，有一个模式都是一样的：只有极少数人是大学里真正优秀的跑步者。但是，经过长期训练的熏陶，完成这一计划的运动员能够与这个国家其他精英项目的运动员相匹敌。自从我们成立以来，我们这个小组有9位女选手全程马拉松跑进2小时45分，其中3人成绩在2小时33分以内。男子项目则有24人全程马拉松跑进2小时20分，其中8人跑进了2小时15分大关。

在这里得到的经验教训是，发展和胜利都需要时间。尽管大部分新加入汉森—布鲁克斯长跑项目的跑步者在大学生运动员里只能算中等到中等偏上的水平，很多人在践行了本书提出的18周训练计划（也是遵循相同的训练原则）后取得了巨大的成功。为了理解支撑我们训练的基础模块，你会发现探索相关的原理十分有趣，而这对于我们训练的精英跑步者来说也是非常重要的。这不但可以消除一些关于高水平运动员如何训练的讹传，而且还能揭示你的训练和奥运种子选手的训练的相似之处。

我们强调初级跑步者训练计划发展的长期性，也强调高级跑步者训练计划发展的长期性，且在精英项目中也这么做。当跑步者第一次加入团队，我们的目标是关注长远的成功。实际上，凯文和凯斯注重的是经年累月地让跑步者进步，而不是那种导致过度训练和倦怠的一时之快。因为加入我们项目中的大多数运动员都没有什么拿得出手的成绩，没有办法参与国家级的比赛，更不要说世界级的了，所以他们能做的唯有默默训练、等待成功。美国马拉松运动员的平均职业巅峰期是29~30岁。加入我们项目的跑步者一般是23~25岁，在他们达到马拉松的潜在巅峰期之前还有几年时间可以成长进步。当你看到汉森—布鲁克斯项目中的跑步者取得成功的时候，他们基本上已经训练了一两年。奥运会选手布莱恩·塞尔2001年加入我们的项目，在参加2008年奥运会之前的几年中，每次比赛都在进步。他的全程马拉松成绩也从2小时20分提高到2小时10分30秒。另外一位奥运会选手德西蕾·达维拉也是遵循类似的方法。在23~28岁，她的成绩从2小时30分提高到2011年波士顿马拉松亚军的2小时22分。

我们在所有马拉松训练计划中都强调的长期发展原则，初级跑步者训练计划、高级跑步者训练计划和精英跑步者训练计划有一些外在的不同之处。实际上，大部分跑步者和精英运动员的差别很大，训练计划也要反映出这些不同。除了这些区隔以外，你也许会惊奇地发现，你的训练计划和精英运动员相比，差别并没有你想象的那么大。

精英跑步者训练计划的组成

9天的训练周期

在汉森—布鲁克斯长跑项目一开始的日子里，每周的训练周期跟以下的计划差不多。精英运动员周二在运动场训练，周四练节奏跑，周日跑长距离。这样，我们就切换到一个如下的9天训练周期。

周日：长距离跑29~32千米

周一：上午轻松跑19~23千米；下午轻松跑6~10千米

周二：和周一相同

周三：节奏跑13~19千米

周四：和周一相同

周五：和周一相同

周六：8千米速度训练，比全程马拉松配速快20秒

周日：和周一相同

周一：与前一周的周一相同

精英训练计划的训练量每年都相当稳定。比如，我为全程马拉松训练的时候，周跑量的范围在177~225千米；当我准备短程比赛的时候，每周的跑量仍然在161~193千米。在这些跑量中，传统的每周长距离跑并不总是必需的。因为轻松跑的日子是19~23千米，或者说依照时间是1小时18分到1小时35分，跑步者可以获得跟常规长距离跑一样的有氧适应能力。这样的大跑量让这个9天的循环格外有利，因为在所有对马拉松来说非常重要的系统都照常工作的情况下，还能够让身体得到适当的休息。

周跑量

在精英训练计划的一个9天训练示例中，你会发现跑量比本书中其他训练计划要大。高级跑步者训练计划周跑量的峰值大概是113千米，男子精英选手周跑量能达到225千米，女子精英选手周跑量也能达到193~209千米。当我们谈到精英训练的时候，有几个与训练相关的因素会让这么高的跑量可以接受，而且高产能。

第一个因素是时间。我们不是指每天24小时或者一周7天，而是指在训练前多少年慢慢增加跑量。尽管大多数加入训练计划的跑步者每周跑量过不了161千米，但是大部分人会达到129~161千米。增加的跑量让9天的周期尤其重要，因为与其让一个22岁的跑步者每周苦练三次把周跑量提升到192千米，还不如每三天加一次实质训练，给跑步者更多机会通过轻松跑增加跑量。有时额外增加的里程一开始会使跑步者的成绩降低，但是随着时间的推移，身体就逐渐适应了，也会有更稳定的进步。

第二个因素是恢复。除了在较轻松的配速下适应更多里程以外，9天的周期还可以在两次实质训练之间让身体得到稳定的恢复。就算有这些额外恢复的日子，累积性疲劳仍然在精英训练计划中扮演重要角色。但是和伤病预防之间，还要在时间上保持均衡。当轻松跑的跑量达到10~32千米时，在两次实质训练中加一天恢复就是非常必要的。尽管这些天在精英训练计划中的定义是"轻松跑"，但基本上都是非常接近马拉松配速的。比如，马拉松训练达到峰值的那段时间，轻松跑会比较典型地以3分42秒~4分钟每千米的配速完成，长距离跑的配速在3分23秒~3分42秒每千米。如果马拉松的目标配速是每千米3分7秒，那么大部分跑步应该比这个配速慢25秒到1分15秒。

另外一个让高跑量训练可控的因素，就是加入汉森—布鲁克斯长跑项目这样靠谱、有组织的训练团队，从而获得其与生俱来的好处。这个项目里所有的跑步者除了跑步以外都有其他的工作，他们的计划让他们在整周内都有时间小睡一下，每晚还能睡8~10个小时。让我们现实一点，如果你每周有几次机会小睡两个小时，那么你就可能有能力应付更多跑量。穿布鲁克斯跑鞋当然也能帮助我们跑得更轻松，让我们在每周227.5千米的训练中得心应"脚"。此外，我们的运动员还能得到脊柱按摩师、物理理疗师和其他医疗专家的帮助，他们都了解跑步者，也了解这项运动独特的伤病和相关组织。

实质训练

因为整体的跑量较大，所以实质训练的跑量也很大。这意味着不管是初级、高级还是精英训练计划，实质训练积累的跑量在整个训练计划中占的比重还是相当大的。通过对实质训练的分解，你会发现精英训练计划和我们在本书之前部分中推荐的其他计划是如此的相似。

长距离跑： 在我们所有关于26千米长距离跑的说教之后，你会惊奇地发现汉森—布鲁克斯长跑项目中的跑步者会完成32~35千米的长距离跑。一旦到了这个层面，就真的不是26千米还是36千米的问题，而是占周跑量多少、完成长距离跑花了多少时间的问题了。比较典型的例子就是一周跑195千米，其中32.5千米——也就是周跑量的16%~17%是长距离。对于我而言，32.5千米的长距离跑通常耗时1小时55分钟到2小时10分钟，完全符合之前我们描述的原则。从另一方面来看，周跑量114千米的人要是跑26千米的长距离，那么就占周总跑量的23%左右。减去虚拟的等价新陈代谢和生理适应，忽略掉实际千米数的不同，这个26千米的长距离跑花的时间差不多都是2小时。

速度训练： 在初级和高级跑步者训练计划中，速度训练就是加起来5千米的快速奔跑。一般来说，在做这样训练的时候，你每周能跑81千米左右，速度训练就占你周跑量的6%。同时，在精英训练计划中，速度训练的绝对跑量则一般是10千米。每周总跑量若是195千米的话，速度训练就占5%。再次强调一下，原则是一样的：速度训练只代表周训练量很小的一部分，我们关注的是在乳酸阈值下发展有氧能力。

力量训练：不管训练处于何种等级，力量训练都是马拉松发展至关重要的一部分。在初级和高级跑步者训练计划中，这些环节包括10千米的用力跑，这在89～114千米的周跑量里占9%~10%。而在精英训练计划中，力量练习通常是在14.6～19.5千米，周跑量195千米的话，力量练习占8%~10%。再强调一次，绝对值变大了，但是实质训练所占的比例是贯穿整个训练始终的。

　　节奏跑：当达到峰值的时候，在初级和高级跑步者训练计划中，16千米的节奏跑占每周总跑量的15%左右。精英训练计划也包括16千米的节奏跑，占周跑量的12%。这个百分比之所以略低一些，是因为精英跑步者完成的节奏跑的变种比较多，在附录后面的部分会讨论这个话题。

精英训练计划

　　这些年来，我们分配给精英跑步者的许多练习已经得到了全国的关注。这些训练大部分都是汉森–布鲁克斯长跑项目所特有的（比如两组10千米练习和模拟训练），但都不是初级和高级跑步者训练计划的跑步者应该尝试的。这些训练的跑量和强度不适用于这两类计划。

长距离跑的变种

　　状态稳定的努力：这是我个人最喜欢的训练方式之一，因为它需要极高的注意力，减少了重复训练带来的枯燥感，还刺激了重要的有氧适应能力。我让有经验的，但是由于各种责任和约束不能增加跑量的跑步者练这个。很好地把计划加到训练中去，一旦跑步者的体能水平建立起来，这种训练就像其他长距离跑一样开始奏效了。逐渐增加强度，直到运动员比马拉松的目标配速慢30秒，那个速度保持在跑步的50%~75%。通过强迫让身体跑在这个有意义的努力程度下，在接近燃脂和利用碳水化合物的临界点，就能够刺激到有氧阈值。因为身体想要保存碳水化合物，于是就适应了那个配速，使燃脂的能力得到了最大化的激发。在这里，精确的配速最关键。因为如果跑步者太努力，就会过早地撞墙；但是如果跑得太慢，他们就会错过某些最想要得到的训练成果。这个训练还是很好的精神训练法，因为它又长又难，需要运动员在相当长的时间内维持注意力的集中，就像马拉松比赛本身一样。

还有5千米，冲吧！ 这个变种是凯文和凯斯提出的，目的在于帮助我们在双腿疲劳的时候跑得更快。和其他长距离跑一样，大部分这种跑的时候要维持适度的配速。在最后的时候，不同才显现出来。在这部分训练中，跑步者在长距离跑的最后5千米要增加速度到马拉松比赛的配速甚至更快，这是他们的双腿最疲劳的时候。关键是要教会身体在疲劳的时候也要跑得平稳，一段时间之后，把极限点尽量往后推。从生理学角度看，它强调的是激活中间态的肌肉纤维，也许还有一部分快肌。这对于比赛型选手是尤其好的训练，因为它模仿了你在马拉松比赛中深挖潜力、消耗最后一部分能量存储的状态，但是又强迫你一直跑下去。对想要达标某个比赛或者想要在当地取得好成绩的高级跑步者而言，这个训练是非常棒的工具。

耗尽： 我在马拉松的训练周期里面只会进行两到三次这种训练，因为我们教练提倡的是在长距离跑过程中练习马拉松补给，而这种跑法放弃了针对补给的练习。有些教练强烈鼓励跑步者在长距离跑的时候有规律地不摄入液体或碳水化合物，因为他们相信这会教会身体更好地燃脂。但是你不可能在比赛中这么做吧，所以除了几种例外情况以外，营养的摄入应该在大部分长距离跑的时候练习。这就是我们要引入耗尽跑法的原因。对这种特定的长距离跑来说，配速就变得不那么重要了。它比其他长距离跑的配速要慢，因为跑步者在之前不吃任何东西，在跑的过程中只喝水。这个练习的目的在于消耗掉大部分的糖原储备，触发机制，让身体储存更多糖原。我们的跑步者把它作为最后一次重要的长距离跑。在耗尽跑之后，他们立刻就进入了赛前减量期，因为糖原负载阶段开始生效，肌肉就有东西存储了。尽管这看起来没什么大不了的，但它可能意味着撞墙和顺利通过撞墙期的区别。

节奏跑变种

倒计时跑： 长度介于16～22千米，对精英训练计划中的男运动员来说，开始的配速是每千米3分42秒，这还在我们定义的轻松跑的范围。然后逐渐减少10秒，直到达到半程马拉松的配速。比较典型的倒计时跑训练就像这样：3分42秒，3分42秒，3分35秒，3分29秒，3分23秒，3分17秒，3分10秒，3分4秒，2分58秒。

就我个人的经验而言，这样的训练一开始通常会感到很简单，每加一次速就变得越来越有挑战性。

还有8千米，冲吧！ 这是16千米的节奏跑，前一半用全程马拉松的配速跑，后一半可以用指定的更快配速跑，一般是用半程马拉松的配速，或者就是简单的能跑多快就跑多快。

模仿训练： 这个练习是2006年第一次引入汉森—布鲁克斯长跑项目中的，当时我们正在备战波士顿马拉松。我记得特别清楚，因为凯文和凯斯在海报板的不同里程处加上了波士顿的地标，卫斯理大学那里是穿比基尼的模特。这种练习一定是奏效的，因为我们的队友拿到了第4、第10、第11、第15、第18、第19和第22名的成绩。这种模拟训练就是在你的训练中模拟出整个赛道42.195千米的主要路况，并且你是跑在全程马拉松的配速之下。如果一位运动员在准备ING纽约城市马拉松，重要的是要在十分接近的赛道上训练，而不仅仅是类似就可以了，比如美国银行杯芝加哥马拉松。如果不能处于正确的地形，有些"有魔力"的高质量模拟就失效了。除了以比赛配速做大量训练之外，它的理念就是把赛道可视化，为比赛制订好计划，以得到比赛日你想要做什么的那种感觉。包含了热身和冷身，这种练习以32千米为极限，所以应该小心从事。如果一位运动员跑量不够的话，坦白地说，尝试这种训练并不明智。只有周跑量能达到160千米，而且有一条赛道可以模拟目标比赛的，才可以进行这样的训练。模拟训练一般是在目标马拉松比赛前的四周完成，是一系列高难度练习中的第一个。

力量训练变种

密不可分的练习： 这种两组10千米的练习自从有精英训练计划以来就存在。实际上，这是我们第一个被举国关注的事件。跟其他力量练习非常相似，两组10千米的练习是模拟训练后10天进行的。在热身之后，头10千米比全程马拉松目标配速快5秒钟，然后10分钟轻轻慢跑。接着是第二组10千米，每千米比全程马拉松目标配速快5~10秒钟。成功完成这样的练习，还可以提高马拉松成绩。要在比赛日前三周内完成这个训练科目，精英训练计划是在赛前减量期一开始安排两组10千米跑的。还有其他训练需要完成，跑量仍然维持在很高的水平，但是最困难的训练都已经完成了。从这个时间点开始到比赛结束，我们强调的是要聪明地训练、维持体能和好好恢复。

3:2法则

在训练原则之前，凯文和凯斯有一条非常严格的规矩需要所有精英团队的成员遵守，那就是3:2法则。简单说，这条规矩就是每两年中，参加全程马拉松不能超过3场。之所以这样，是因为当跑步者开始追求马拉松目标的时候，他们往往都会陷入一个永无止境的春秋天参加马拉松的怪圈。运动员经常因此就放弃某些训练环节，比如速度练习。通过支持这样的原则，我们鼓励汉森—布鲁克斯长跑项目中的跑步者花整个赛季专注在提高速度上，效果最终会体现在马拉松成绩上。当然，坚持其他训练计划的跑步者也是一样。如果你陷入了很差的马拉松成绩怪圈中，这一年倒不如专门跑5千米和10千米的比赛，之后再回到马拉松训练中，你就会满血复活，准备好了突破这个平台期。

精英训练计划日志示例

下面的计划（表A.1）是2011年2～6月的训练日志，那段时间我在备战圣地亚哥摇滚马拉松。这个计划是为我量身定制的，是汉森—布鲁克斯长跑项目中一位"老马"的经典马拉松训练计划。这个计划和我们的精英女子选手的训练，唯一的区别就是配速不一样，她们每周也跑195千米甚至更多。你会发现，即便是训练精英跑步者，也没有什么大的秘密可言。实际上，这些原则也同样适用于所有人。

附表1　　　　　　　　　作者备战2011年圣地亚哥摇滚马拉松的训练示例

周	周一	周二	周三	周四
1	12.87千米，56:00（4:21/千米）	12.87千米，56:00（4:21/千米）	12.87千米，56:00（4:21/千米）	14.48千米，1:03:00（4:21/千米）
2	16千米，1:10:00（4:22/千米）	上午：12.87千米，56:00（4:21/千米） 下午：6.4千米，28:00（4:22/千米）	16千米，1:18:46（4:18/千米）	节奏跑，14.48千米。从3:45/千米倒计时到3:14/千米。（总时间45分30秒，平均配速3:43/千米）；热身和冷身加起来19.2千米
3	上午：16千米，1:10:00（4:22/千米） 下午：6.4千米，28:00（4:22/千米）	上午：16千米，1:10:00（4:22/千米） 下午：9.6千米，41:00（4:16/千米）	上午：16千米，1:10:00（4:22/千米） 下午：9.6千米，41:00（4:16/千米）	3组3.2千米，跑在马拉松比赛的目标配速下，组间800米慢跑恢复（9.6千米总时间30分10秒，每千米配速3:08）；热身和冷身加起来20.8千米
4	25.6千米长距离跑，1:35:00（3:43/千米）	上午：16千米，1:08:00（4:15/千米） 下午：9.6千米，40:00（4:10/千米）	上午：19.2千米，1:20:00（4:10/千米） 下午：6.4千米，27:30（4:18/千米）	2组4.8千米，每千米配速3:08，组间1.6千米慢跑恢复；热身和冷身加起来20.8千米
5	28.8千米长距离跑，1:45:00（3:39/千米）	上午：19.2千米，1:20:00（4:10/千米） 下午：6.4千米，27:00（4:13/千米）	上午：19.2千米，1:22:00（4:16/千米） 下午：6.4千米，28:00（4:22/千米）	上午：19.2千米，1:22:00（4:16/千米） 下午:6.4千米，28:00（4:22/千米）
6	32千米长距离跑，1:51:30（3:29/千米）	上午：19.2千米，1:08:00（4:04/千米） 下午：9.6千米，42:00（4:23/千米）	上午：19.2千米，1:17:30（4:02/千米） 下午：9.6千米，42:00（4:23/千米）	倒计时跑法，总时间56:00（配速每千米3:30），总计25.6千米

周五	周六	周日	周跑总量
12.87千米，56:00（4:21/千米）	16千米，1:10:00（4:22/千米）	上午：12.87千米，56:00（4:21/千米） 下午：6.4千米，28:00（4:22/千米）	101千米
上午：11.2千米，46:30（4:09/千米） 下午：9.6千米，41:00（4:16/千米）	上午：轻松跑14.4千米，1:03:00（4:23/千米） 下午：6.4千米，27:00（4:13/千米）	轻松跑16千米，1:08:30（4:15/千米）	128千米
22.4千米，1:35:00（4:14/千米）	上午：16千米，1:08:00（4:23/千米） 下午：6.4千米，27:00（4:13/千米）	休息日	139.2千米
上午：19.2千米，1:20:00（4:10/千米） 下午：6.4千米，28:00（4:23/千米）	上午：16千米，1:08:00（4:23/千米） 下午：9.6千米，40:00（4:10/千米）	上午：16千米，1:08:00（4:23/千米） 下午：9.6千米，41:00（4:16/千米）	174.4千米
5组3.2千米，组间800米慢跑恢复（每组完成时间分别是10:08、10:02、10:00、10:00、10:01）；总计28.8千米	上午：16千米，1:07:00（4:11/千米） 下午：9.6千米，41:40（4:20/千米）	上午：19.2千米，1:16:30（3:59/千米） 下午：6.4千米，26:45（4:10/千米）	185.6千米
上午：19.2千米，1:20:00（4:10/千米） 下午：9.6千米，40:00（4:10/千米）	上午：19.2千米，1:18:30（4:05/千米） 下午：9.6千米，39:00（4:04/千米）	上午：19.2千米，1:22:00（4:16/千米） 下午：9.6千米，39:00（4:04/千米）	201.6千米

周	周一	周二	周三	周四
7	上午：19.2千米，1:21:30（4:15/千米） <hr> 下午：9.6千米，40:30（4:13/千米）	32千米长距离跑，2:09:30（4:03/千米）	上午：22.4千米，1:33:00（4:09/千米） <hr> 下午：9.6千米，40:00（4:10/千米）	上午：22.4千米，1:32:00（4:06/千米） <hr> 下午：9.6千米，39:00（4:04/千米）
8	力量训练：3-2-3，配速每千米3:09，组间1.6千米慢跑恢复（10:00，15:00，9:58）；总计24千米	上午：24千米，1:38:00（4:05/千米） <hr> 下午：9.6千米，38:40（4:02/千米）	上午：22.4千米，1:31:00（4:04/千米） <hr> 下午：9.6千米，39:15（4:05/千米）	32千米长距离跑，1:51:30（配速为每千米6:34，5:51，5:45，5:47，5:45，5:43，5:31，5:40，5:23，5:30，5:29，5:24，5:18，5:23，5:32，5:26，5:20，5:15，5:29，5:10）
9	上午：22.4千米，1:30:00（4:01/千米） <hr> 下午：9.6千米，42:00（4:22/千米）	上午：22.4千米，1:30:00（4:01/千米）	节奏跑16千米，前8千米以马拉松目标配速跑，后8千米配速3:06~3:09/千米，总耗时50:48（平均配速3:10/千米），总里程25.6千米	上午：22.4千米，1:31:00（4:04/千米） <hr> 下午：9.6千米，40:00（4:10/千米）
10	上午：22.4千米，1:30:30（4:02/千米） <hr> 下午：9.6千米，39:30（4:07/千米）	节奏跑16千米，前8千米配速3:15/千米，后8千米配速3:09/千米，总耗时50:48（平均配速3:10/千米），总里程25.6千米	上午：22.4千米，1:31:30（4:05/千米） <hr> 下午：9.6千米，38:45（4:02/千米）	上午：22.4千米，1:31:30（4:05/千米） <hr> 下午：9.6千米，39:00（4:04/千米）
11	力量跑5组3.2千米，每组用时9:41~9:44完成，组间慢跑800米恢复；总跑量28.8千米	上午：22.4千米，1:32:00（4:06/千米） <hr> 下午：9.6千米，40:00（4:10/千米）	上午：22.4千米，1:31:40（4:06/千米） <hr> 下午：6.4千米，27:00（4:13/千米）	力量跑3组4.8千米，配速3:02/千米，组间慢跑1.6千米恢复（3组完成时间分别为14:36，14:42和14:40）；总计46千米

周五	周六	周日	周跑总量
4组1.6千米，以比全程马拉松目标配速快20秒的速度在跑道上完成（4:52），组间慢跑400米恢复；总计21千米	上午：22.4千米，1:31:30（4:05/千米）<hr> 下午：9.6千米，38:30（4:01/千米）	上午：22.4千米，1:31:30（4:05/千米）<hr> 下午：9.6千米，38:30（4:01/千米）	210千米
上午：22.4千米，1:31:00（4:04/千米）<hr> 下午：9.6千米，40:00（4:10/千米）	上午：22.4千米，1:35:00（4:14/千米）<hr> 下午：9.6千米，40:00（4:10/千米）	力量跑3组4.8千米，配速3:09/千米，组间慢跑1.6千米恢复；总计27.2千米	213千米
上午：22.4千米，1:31:00（4:04/千米）<hr> 下午：9.6千米，40:00（4:10/千米）	33.6千米长距离跑，1:57:00（3:29/千米）	上午：22.4千米，1:32:00（4:06/千米）<hr> 下午：9.6千米，40:30（4:13/千米）	210千米
上午：在田径场跑8组1千米，配速2:55/千米，组间400米慢跑恢复<hr> 下午：9.6千米，39:00（4:04/千米）	上午：22.4千米，1:34:00（4:12/千米）<hr> 下午：9.6千米，39:30（4:07/千米）	上午：22.4千米，1:32:00（4:06/千米）<hr> 下午：9.6千米，40:00（4:10/千米）	208千米
上午：22.4千米，1:30:30（4:02/千米）<hr> 下午：9.6千米，41:00（4:16/千米）	上午：24千米，1:40:00（4:10/千米）	模拟训练（半程马拉松）在迈阿密卡拉马祖以1:06:39完成半程马拉松，配速3:10/千米；总计32千米	205千米

周	周一	周二	周三	周四
12	上午：22.4千米，1:31:00（4:04/千米） 下午：9.6千米，40:00（4:10/千米）	28.8千米长距离跑，用全力跑在1:55:00以内完成（配速3:59/千米）	上午：22.4千米，1:31:00（4:04/千米） 下午：9.6千米，40:00（4:10/千米）	上午：22.4千米，1:32:00（4:06/千米） 下午：9.6千米，40:00（4:10/千米）
13	32千米长距离跑，总用时1:50:19，最后3千米的配速为3:04，3:05，3:03	上午：22.4千米，1:32:00（4:06/千米） 下午：9.6千米，40:00（4:10/千米）	上午：19.2千米，1:20:00（4:10/千米） 下午：9.6千米，40:00（4:10/千米）	力量跑2组各9.6千米，第一组29:39完成，组间慢跑10:00恢复，第二组29:36完成；总计30.4千米
14	上午：19.2千米，1:20:00（4:10/千米） 下午：6.4千米，28:00（4:23/千米）	上午：22.4千米，1:33:00（4:09/千米） 下午：9.6千米，40:00（4:10/千米）	32千米长距离跑，2:05:00（3:54/千米）	上午：22.4千米，1:33:00（4:09/千米） 下午：9.6千米，40:00（4:10/千米）
15	25.6千米长距离跑，1:43:00（4:01/千米）	上午：19.2千米，1:20:00（4:10/千米） 下午：6.4千米，28:00（4:23/千米）	上午：16千米，1:10:00（4:23/千米） 下午：6.4千米，28:00（4:23/千米）	19.2千米，1:20:00（4:10/千米）

周五	周六	周日	周跑总量
在跑道上跑5组1.6千米，配速2:55/千米，组间慢跑800米恢复；总计25.6千米	上午：22.4千米，1:31:00（4:04/千米）<hr>下午：9.6千米，40:00（4:10/千米）	上午：22.4千米，1:31:00（4:04/千米）<hr>下午：9.6千米，39:50（4:09/千米）	214千米
上午：22.4千米，1:32:00（4:06/千米）<hr>下午：9.6千米，40:00（4:10/千米）	上午：22.4千米，1:32:00（4:06/千米）<hr>下午：9.6千米，40:00（4:10/千米）	节奏跑12.8千米，用时40:15，配速3:08/千米；总计22.4千米	210千米
22.4千米，1:34:00（4:12/千米）	节奏跑3组3.2千米，以全程马拉松目标配速跑，组间800米慢跑恢复；总计22.4千米	上午：19.2千米，1:20:00（4:10/千米）<hr>下午：6.4千米，28:00（4:23/千米）	192千米
上午：12.8千米，1:43:00（4:01/千米）	上午：9.6千米，42:00（4:23/千米）	马拉松：2:14:37，创造新的个人最好成绩。最后10千米分段成绩排名第二（从32千米至终点），最终排名第5	158千米，含比赛

关于作者

  卢克·汉弗莱初中时代开始跑步，迄今从未
倦怠。高中时他参加了几次国家级的比赛，1999年
至2004年进入了中央密歇根大学校队。他所在高校
的越野跑队伍是美国全国大学生体育学会（NCAA
Division Ⅰ）排名前25的强队，2002年年终排名全国
第9。2004年秋天，卢克代表汉森—布鲁克斯长跑
项目参加了拉萨尔银行杯芝加哥马拉松。这是他的
全程马拉松处子秀，成绩2小时18分46秒，总排名
第18位。从那以后，卢克2006年波士顿马拉松拿到
了第11名，2008年ING纽约城市马拉松第11名，2010
年美国银行杯芝加哥马拉松第12名，两次达标入围
了美国奥运会马拉松选拔赛（2008年和2012年）。
卢克全程马拉松的个人最好成绩是2小时14分38
秒，他拥有中央密歇根大学的运动科学学士学位和奥克兰大学的运动科学硕士
学位。卢克2006年5月创办了"汉森教练服务"，帮助各种能力的跑步者达成
跑步目标。他和夫人尼科尔育有一女，名为约瑟芬。

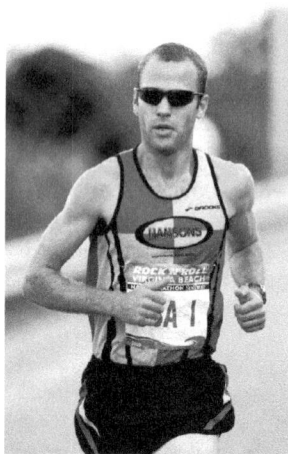

  凯斯和凯文·汉森是汉森—布鲁克斯长跑项目的联合创始人，他们一同执
教奥运会级别的团队，在美国和全球范围赢得了各种比赛的胜利。他们还共同
拥有"汉森跑步商店"，非常热心支持、建立和鼓励跑步社团的活动，指导成
百上千位当地的跑友完成他们人生的第一次或第100次马拉松。